ALLGÄUER ALPEN

Herbert Mayr

KOMPASS Wanderbuch

Herbert Mayr

geb. 1953 in Durach im Oberallgäu, gelernter Vermessungsingenieur, heute freier Buchautor in Unterthingau im Ostallgäu. Über 40 Wander- und Radführer, ständiger Mitarbeiter bei den Zeitschriften »Das schöne Allgäu« und »Schönes Schwaben«. Ganzjährige Hauptaktivitäten: Bergsteigen, Wandern und Radfahren. Arbeitsgebiet zwischen Schwarzwald und Zentralalpen.
Für die KOMPASS-Wanderbuchreihe verfasste er außerdem die Titel »Oberallgäu« und »Zillertal«.

Auflage: 2-2005 · ISBN 3-85491- 201-3 · Verlagsnummer 925

Text und Fotografie: Herbert Mayr
Lektorat: Walter Theil
Bildnachweis: Sämtliche Abbildungen vom Autor.
Titelbild: Der stimmungsvolle Rappensee beim Alpenvereinsstützpunkt Rappenseehütte.
Bild Innentitel Seite 1: Der Schrecksee in den Hintersteiner Bergen.
Foto S. 3: Über dem Talschluss des Kleinwalsertals baut sich der bullige Widderstein auf.

Grafische Herstellung: wt-BuchTeam
Wanderkartenausschnitte: © KOMPASS-Karten GmbH
Höhenprofile: wt-BuchTeam

Da die Angaben eines Wanderführers in der heute so schnelllebigen Zeit fast ständig Veränderungen unterworfen sind, kann für die Richtigkeit keine Gewähr übernommen werden. Auch lehrt die Erfahrung, dass Irrtümer nie ganz zu vermeiden sind. Für Berichtigungen und Verbesserungsvorschläge ist die Redaktion stets dankbar. Korrekturhinweise bitte an folgende Anschrift:

Walter Theil, Adalbert-Stifter-Straße 6, 84518 Garching/Alz, Deutschland
Telefon 0049-(0)8634/68 98 03 · Fax 0049-(0)8634/68 98 04
E-mail: WTheil@t-online.de
oder an
KOMPASS-Karten GmbH, Kaplanstraße 2, 6063 Rum/Innsbruck, Österreich
Telefon 0043-(0)512/26 55 61-0 · Fax 0043-(0)512/26 55 61-8
E-mail: kompass@kompass.at
http://www.kompass.at

Vorwort

Die Allgäuer Alpen mit dem Kleinwalsertal und den Tannheimer Bergen: Bayern, Vorarlberg und Tirol vereint in einer der malerischsten Gebirgsgruppen der Nördlichen Kalkalpen. Eine unerschöpfliche, begeisternde Tourenregion, die von allem etwas bietet. Mal lieblich verwöhnend, mal streng, ein andermal gar abweisend. Eine Landschaft der Gegensätze und doch so voller Harmonie.

Ab der Linie Sonthofen – Hindelang stellt dieser aktuell erkundete Führer meist weniger bekannte, aber dennoch weitgehend markierte Unternehmungen vor, die fast alle mit Bus oder Bahn erreicht werden können. Durch spannende Tobel, an launischen Wildbächen entlang, zu fesselnden Wasserfällen und klaren Bergseen, und über die für das Allgäu so typischen Alpweiden hinauf zu den magisch anziehenden Charaktergestalten der Hochalpen.

Die Routenwahl erstreckt sich von kleinen, kinderfreundlichen Ausflügen über einfache Gipfelbesteigungen bis hin zu Kondition fordernden, pfiffigen Überschreitungen in steilem, oft luftigem Fels und Gras, erleichtert durch freundliche Alphütten und Alpenvereinshäuser. Auch reizvolle Klettereinlagen des I. Schwierigkeitsgrades, die Übung und Erfahrung voraussetzen, bereichern das Angebot.

Das sich anschließende Gebiet mit den nördlichen Voralpen beinhaltet das KOMPASS-Wanderbuch 927 (Allgäu-Oberallgäu).

Herbert Mayr

INHALT

Die Kombination Gras und Fels ist typisch für die Allgäuer Alpen.

Das Gebiet

Das vorgestellte Tourengebiet umfasst den Hauptteil der Allgäuer Alpen zwischen den Balderschwanger und Walsertaler Bergen und den Tannheimer Bergen ohne die vom Tiroler Vilstal und Lechtal aus zugänglichen Randzonen. Das Aubachtal bei Gunzesried und eine über das Oberjoch gedachte Verlängerung des Ostrachtals trennen die nördlichste Reihe der Voralpen von unserem meist alpineren Bereich.

Wir finden hier eine weitgehend geschlossene Bergregion vor, deren Herz, die über 2600 m hohen Hochalpen, von der Hauptwasserader Iller mit den Quellflüssen Breitach, Stillach und Trettach entwässert wird. Lediglich der Scheidwangsattel unter dem Hochgrat, der Riedbergpass und die Wasserscheide bei Rohrmoos zeigen deutliche Westlücken zum Bregenzerwaldgebirge hin. Im riesigen Bogen um Ifen und Widderstein sowie am langen Allgäuer Hauptkamm existieren nach Vorarlberg und Tirol hin ausnahmslos nur mittels Pfaden und Steigen erschlossene Jochübergänge.

Diesen uralten Handelswegen vom Tannberg in das einst von den Walsern besiedelte Kleinwalsertal sowie vom oberen Lechtal nach Oberstdorf kam früher große Bedeutung zu. Erst der Gaichtpass bildet wieder einen niedrigeren Straßendurchschlupf zwischen dem Hauptgebirge und der Untergruppe der Tannheimer Berge.

Die Alpwirtschaft, vormals bedeutendster Erwerbszweig, bestimmt das überaus freundliche und erfrischende Landschaftsbild wie selten in einem anderen Alpenbe-

reich. Die Besiedlung der weithin bekannten Touristenregion beschränkt sich, abgesehen von den Dörfern Gunzesried und Balderschwang, auf das Illertal mit seinen Terrassen, das Kleinwalsertal, Ostrachtal und Tannheimer Tal. Es bleibt also für Entdeckungen in unverfälschter Natur ein beachtlicher Freiraum, ein unschätzbares Gut, das es zu bewahren gilt.
Die wasser- und blumenreichen Allgäuer Alpen, gegliedert durch ein Netzwerk von Tälern und Tobeln, fallen durch ihre beispielhafte Formenvielfalt auf. Kennzeichnend ist ein steter Gesteinswechsel und eine enge Verschwisterung von rassigen Felszacken und atemberaubenden Steilgrasflanken. Ein geologisches Modellgebirge, könnte man sagen, eine lehrreiche Übergangszone zwischen Ost- und Westalpen.
Aus dem Alpenvorland betrachtet erscheint das von vorgelagerten Waldeshöhen gesäumte Gipfelpanorama als reich mit Graten, Kämmen und Schneekaren geschmücktes, Sehnsucht weckendes Zackenband. Ein Bild, das keinen leidenschaftlichen Bergwanderer jemals wieder loslässt. Die romantischen Hochtäler weisen vor ihrer Einmündung ins Haupttal oftmals eine ausgeprägte Hängeschulter auf, die auf die Arbeit der Eiszeitgletscher zurückgeht, ebenso wie die Umwandlung von ursprünglich eng eingekerbten V-Tälern in die heute U-förmigen Trogtäler.
Die allgäu-typischen Tobel sind dagegen ein Erosionswerk der unermüdlich nagenden Sturzbäche.
Einen Reichtum der abgeschiedenen Kare, Rückzugsgebiete für die wagemutigen Gamsrudel und possierlichen Murmeltiere, stellen die vielen herrlichen Bergseen dar, die verträumten Augen des Allgäus, nochmals Relikte der Eiszeit. Als Besonderheit der Gebirgsfauna sind die wieder eingebürgerten Steinböcke in den Schafalpen zu nennen und die gelegentlich mit etwas Glück zu erspähenden Einzelexemplare der königlichen Steinadler.

Die Allgäuer Alpen für Wanderer

Die überaus attraktive Erlebniswelt der Allgäuer Berge ist bestens mit Alpwegen, Pfaden und Steigen sowie einem überzeugenden Hüttennetz erschlossen. Kaum ein Gipfel, auf den nicht wenigstens ein Normalweg führt, nur selten eine Aufstiegsroute, auf der keine Einkehr Erfrischung und Stärkung bietet. Dazu lässt sich so manches hochgesteckte Ziel mit Hilfe der Bergbahn um Stunden abkürzen. Ein Wanderdorado für jede Jahreszeit, für jedes Alter, für jeden Geschmack – einfach zum Wohlfühlen. Die Vielgestaltigkeit der Allgäuer Alpen lohnt eine nähere Beleuchtung der einzelnen Regionen.

Südliche Voralpen könnte man den ersten Tourenteil westlich der Iller benennen. Hierzu zählen die meist sanft geformten, grünen

Allgäuer Hauptkamm vom Gottesackerplateau.

Flyschberge bei Ofterschwang, Bolsterlang und am Riedbergpass wie das Rangiswanger Horn (1615 m) und das Riedberger Horn (1787 m). Einen deutlichen Gegensatz dazu stellen die schroffferen Nagelfluhberge mit ihren gebänderten Wandabstürzen in der Balderschwanger Gegend dar wie etwa der Siplingerkopf (1745 m). Beide Gruppierungen sind besonders während des Frühsommers begehrt.

Ein sehr viel ernsteres Gesicht zeigen die meisten **Oberstdorfer Berge**. Geologisch ist dieses alpinste und somit verständlicherweise begehrteste Revier der Allgäuer Alpen dreigeteilt. Westlich des obersten Allgäudorfes greift um den Besler (1680 m) vom Bregenzerwald ein Streifen solider Helvetischer Kreide auf unsere Berge über, eine schroffe und waldreiche Ecke, in der sich auch die abenteuerliche Sturmannshöhle versteckt. Zwischen Warmatsgund und Kleinwalsertal beschert der grüne Fellhornkamm (2038 m), ein weiterer Flyschstreifen, zu dessen Füßen der idyllische Freibergsee die Badegäste lockt, dem Bergwanderer der leichteren Muße ein unbeschwertes Gipfelglück. Die Formen sind jedoch prägnanter als in den Voralpen.

Der prächtige, verkehrsfreie Tälerfächer Seealptal, Oytal, Gerstrubental, Trettachtal und Stillachtal mit Verlängerung Rappenalpental schließlich streckt sich fast wie die fünf Finger einer Hand den majestätischen Gestalten im riesigen Naturschutzgebiet Allgäuer Hochalpen entgegen, der kalkalpinen Zone des Hauptkammbereichs. Die höchsten Gipfel wetteifern hier um

den Platz des schönsten Allgäuberges: der Regent Großer Krottenkopf (2657 m), das Hohe Licht (2651 m), die etwas problematische Hochfrottspitze (2648 m), Mädelegabel (2645 m), Steinschartenkopf (2615 m) und Bockkarkopf (2609 m). Doch aller Ehrgeiz verblasst angesichts des kühnen Horns der Trettachspitze, einem reinen Kletterberg, der es aber »nur« auf 2595 m bringt. Gemeinsam ist den Giganten ihr brüchiges Kleid. Verantwortlich dafür zeichnet das vorherrschende Baumaterial Hauptdolomit, ein meistens wenig widerstandsfähiger Gipfelbildner.
Zudem sind hier auch die atemberaubendsten Steilgrasberge vertreten: die Edelweißkönigin Höfats (2259 m), der gnomenhafte Schneck (2258 m), Linkerskopf (2455 m), Rauheck (2384 m), und Kreuzeck (2375 m), bis auf die letzten beiden auch auf den einfachsten Anstiegen Erfahrung und Mut fordernde Ziele. Spätestens beim Anblick dieser Individualisten wird klar: Einen »schönsten« Allgäuberg kann es nie geben, zu verschieden sind die nicht vergleichbaren Charaktere. Die meisten Gipfelanstiege ziehen sich deutlich in die Länge und lohnen sich eher als Zweitagestouren, der Heilbronner Weg und der Höhenweg von der Kemptner Hütte zum Prinz-Luitpold-Haus als Dreitagestouren. Mit der Unterstützung des Mountainbikes rücken allerdings die ganz großen und die zahlreichen weniger hohen, aber dennoch stattlichen Bergziele deutlich näher.

Tourismusverbände

Oberallgäu Tourismus Service GmbH
Hindelanger Straße 35, 87527 Sonthofen, Tel. 01805/987800, www.oberallgaeu.de
Tourismusverband Allgäu/Bayerisch-Schwaben e.V.
Fuggerstraße 9, 86150 Augsburg, Tel. 0821/33335, Fax 0821/38331, www.allgaeu-schwaben.com.
Kleinwalsertal Tourismus
Walserhaus, 87568 Hirschegg, Tel. 08329/51140, Fax 08329/511421, www.tiscover.com/kleinwalsertal
Tourismusgemeinschaft Tannheimer Tal
A-6675 Tannheim 110, Tel. 0043/5675/62530, Fax 0043/5675/6812, www.tannheimertal.com

In den Oberstdorfer Bergen laden auch manche der herrlichsten Bergseen zu einem Besuch: die Gaisalpseen, der Seealpsee und der Große Rappensee, der Christlessee und die Eisseen. Des weiteren nehmen hier die abgrundtiefsten Tobel wie der Sperrbachtobel und der Traufbachtobel, ansehnliche Wasserfälle wie der Stuibenfall, die entlegensten Trümmerkare und nicht zu vergessen die grandiose Breitachklamm an der Gestaltung dieses zauberhaften Kernstücks der Allgäuer Alpen teil. Als kulturelles Kleinod gilt das Museumsdorf Gerstruben.

Was hat das **Kleinwalsertal** zu bieten? Hier dehnt sich auf der westlichen Talseite der wuchtige Schrattenkalk des Helvetikums weiter aus, repräsentiert durch

Am malerischen Traualpsee (Tannheimer Tal).

den Hohen Ifen (2230 m) sowie das karstige Naturschutzgebiet des Gottesackerplateaus und der Gottesackerwände (2033 m).
Vom Schwarzwassertal bis zum hintersten, von der Schluchten bildenden Breitach durchströmten Kleinwalsertal tritt wieder eine kleine Gruppe von Flyschbergen auf, allerdings mit noch deutlich schärferen Kämmen und Graten als in der Fellhornregion. Stellvertretend seien nur das Grünhorn (2039 m) und die Güntlespitze (2092 m) genannt.
Auf der östlichen Talseite machen Bärgunttal, Gemsteltal und Wildental die spannungsreiche Hochregion zugänglich. Da begeistern als Fortsetzung des Oberstdorfer Kalkalpins die anspruchsvollen Hammerspitzen (2259 m) und die Schafalpenköpfe (2320 m) mit dem Mindelheimer Klettersteig, die Riesengrasflanken des weglosen Elferkopfs (2387 m) und der klotzige Widderstein (2533 m). Ein besonderer Bonus des Kleinwalsertals für Wanderer ist das ausgezeichnete talnahe Wegenetz, das viele Natursehenswürdigkeiten miteinander verbindet.

Machen wir einen Sprung in die **Hindelanger Berge**. Dort zieht uns zwischen Iller und Ostrach der Nordteil der überwiegend unter Naturschutz gestellten Daumengruppe in seinen Bann.
Das bezaubernde Retterschwanger Tal halbiert dieses in mannigfaltigen Formen auftretende Bergreich in einen weitgehend familienfreundlichen Westteil mit Imberger Horn (1656 m) und Sonnenkopf (1712 m) und einen von der Rotspitze (2033 m) über das Daumenmassiv (2280 m) und den Hindelanger Klettersteig zum Nebelhorn (2224 m) verlaufenden, anspruchsvollen Ostteil.
Dieses wieder meist vom Hauptdolomit bestimmte Kalkalpin zeichnet auch das Erscheinungsbild der Hintersteiner Berge entlang des vielgipfligen Hauptkamms aus, bis hin zur Prachtgestalt des Hochvogels (2593 m): Iseler (1876 m), Ponten (2045 m), das bullige Gaishorn (2249 m), das etwas kniffige Rauhhorn (2240 m) und wie sie sonst alle heißen mögen. Ein bedeutender Abschnitt des nördlichen Hauptkamms ist durch den genussreichen Jubiläumsweg erschlossen. Wer es lieber erdverbundener mag, der folgt dem lie-

benswerten Hintersteiner Tal mit seinen wilden Schluchtengen ins Obertal oder in das zum Schwärmen schöne Bärgündeletal. Auch einen der märchenhaften Karseen könnte man sich vornehmen, den Engeratsgundsee, den Laufbichelsee oder den Schrecksee. Oder aber man gibt sich der eigenwilligen Ausstrahlung des abseits gelegenen Hintersteiner Kutschenmuseums hin.

Zuletzt wollen wir noch das vom Haldensee geschmückte **Tannheimer Tal** ein wenig unter die Lupe nehmen, schönstes Hochtal Europas genannt. Von den auf der nördlichen Talseite aufstrebenden Hauptzacken der Tannheimer Berge sind nur der Aggenstein (1987 m) und die Roto Flüh (2111 m), beide »in Ketten gelegt«, verhältnismäßig leicht zugänglich. Der Schartschrofen (1973 m) mit dem Friedberger Klettersteig, Gimpel (2176 m) und der Kellespitze (2240 m) bleiben dem geübten Felsgeher vorbehalten. Gewaltig erscheinen die zum Teil dolomitenartigen, hell leuchtenden Kletterwände aus Wettersteinkalk.

Auch manche der auf der Südseite des Tales versammelten, aus recht unterschiedlichen Gesteinen gebauten Vilsalpseeberge mit dem Saalfelder Höhenweg sind nicht so ganz einfach zu haben. Ein Beispiel dafür geben die Haupterhebungen Lachenspitze (2130 m) und die bereits jenseits des einsamen Birkentals sockelnde Lailachspitze (2276 m). Fels und Gras – stellvertretend hierfür sind Litnisschrofen (2069 m) und Sulzspitze (2084 m) – stehen sich in dieser malerischen Ecke wieder mal unmittelbar gegenüber. Vilsalpsee und Traualpsee, beide Bestandteil eines Na-

Luftiger Grünhornaufstieg.

turschutzgebietes, zählen zu den Perlen der Allgäuer Bergseen. Erholsame Ausflüge bieten die einzelnen Abschnitte des Rundwanderwegs »Tannheimer Tal«.
Wer mehr über Natur, Kultur und Geschichte erfahren möchte, der findet eine Auswahl lohnender Lehrpfade (siehe Info-Kasten S. 12).

Die Gemeinden

Balderschwang
1044 m, Mitgliedsgemeinde der Verwaltungsgemeinschaft Hörnergruppe, verstreuter Erholungsort im Balderschwanger Tal und höchstgelegene Gemeinde Bayerns an der Grenze zu Vorarlberg; Scheuenwasserfall, 2000jährige Eibe; Verkehrsamt, 87538 Balderschwang, Tel. 08328/1056, Fax 265, www.balderschwang.de

Naturlehrpfade

- Waldlehrpfad im Ostertaler Tobel (Blaichach/Gunzesried)
- Waldlehrpfad im Weidach-Naturpark (Fischen)
- Wasserwirtschaftlicher Lehrpfad an der Iller (Fischen)
- Geologischer Lehrpfad im Hirschbachtobel (Hindelang)
- Moorlehrpfad im Kematsriedmoos (Hindelang/Oberjoch)
- Geologischer Lehrpfad zur Kanzelwand (Mittelberg/Riezlern)
- Naturlehrpfad Schwarzwassertal (Mittelberg/Riezlern)
- Naturlehrpfad Zaferna (Mittelberg)
- Geologischer Lehrpfad am Nebelhorn (Oberstdorf)
- Wasserwirtschaftlicher Lehrpfad an der Iller (Sonthofen)

Blaichach
737 m, mit Bihlerdorf und Gunzesried (Gästeamt Tel.08321/84666), Erholungsort im oberen Illertal, Burgruine Ettensberg, Inselsee mit Wasserskilift, Ortwanger See, Schwarzenbachschlucht, Sennerei-Besichtigung mit Käseprobe auf der Sennalp Oberberg, Waldlehrpfad im Ostertaler Tobel; Gästeamt, 87544 Blaichach, Tel. 08321/800836, Fax 26481, www.blaichach.de

Bolsterlang
892 m, Mitgliedsgemeinde der Verwaltungsgemeinschaft Hörnergruppe und kleiner Erholungsort auf der westlichen Illerterrasse bei Fischen, Talstation der Hörnerbahn; Verkehrsamt, 87538 Bolsterlang, Tel. 08326/8314, Fax 9406, www.bolsterlang.de

Fischen i. Allgäu
761 m, mit Langenwang (Verkehrsamt Tel. 08326/1821), Sitz der Verwaltungsgemeinschaft Hörnergruppe und heilklimatischer Kurort im oberen Illertal, Auwaldsee, Fischinger Heimathaus mit Skimuseum, Waldlehrpfad im Weidach-Naturpark, Wasserwirtschaftlicher Lehrpfad an der Iller; Kurverwaltung, 87538 Fischen i. Allgäu, Tel. 08326/36460, Fax 364656, www.fischen.de

Grän
1138 m, mit Haldensee, nahe dem

Tiefenbacher Talsenke bei Oberstdorf.

Haldensee gelegene Tiroler Gemeinde im mittleren Tannheimer Tal, Haldensee, Schaukäserei, Talstation der Gondelbahn Füssener Jöchl; Tourismusinformation, A-6673 Grän, Tel. 05675/6285, Fax 6388, E-mail: graen@netway.at, www.tiscover.com/graen-haldensee

Hindelang

825 m, mit Bad Oberdorf (Gästeinformation Tel. 08324/351, Fax 1450), Hinterstein (Gästeinformation Tel. 08324/8118, Fax 8783), Oberjoch (Gästeinformation Tel. 08324/7709, Fax 7191) und Unterjoch (Gästeinformation Tel. 08324/7607, Fax 7549);
Marktgemeinde, heilklimatischer Kurort, Kneippkurort, Kneipp-Heilbad und Schwefel-Moorbad im Ostrachtal; Eisenbreche bei Hinterstein, Erlebnis-Sennerei Kematsried in Oberjoch, Friedenshistorisches Museum, Geologischer Lehrpfad und Wasserfall im Hirschbachtobel, Hammerschmiede bei Bad Oberdorf, Kutschenmuseum bei Hinterstein, Moorlehrpfad im Kematsriedmoos bei Oberjoch, Naturschutzgebiet Allgäuer Hochalpen, Schaukäserei Obere Mühle, Schleierfall bei Bad Oberdorf, Wildbachtobel, Zipfelsbach-Wasserfall bei Hinterstein, Talstationen der Hornbahn und Iselerbahn (Oberjoch); Kurverwaltung, 87541 Hindelang, Tel. 08324/89210, Fax 8055, E-mail: info@hindelang.net, www.hindelang.net

Mittelberg

1218 m, mit Riezlern, Hirschegg und Baad; Vorarlberger Streusiedlung und Wintersportort im Kleinwalsertal, deutsche Wirtschaftsenklave; Alpenheilkräuter-Lehrgar-

Seealp und Gaisalphorn mit der Nebelhornbahn.

ten am Alpengasthof Hörnlepass, Bergkräuterhof Steinbock, Breitachklamm am Eingang ins Kleinwalsertal, Geologischer Lehrpfad in Riezlern, Leidtobelbrücke in Hirschegg (längste überdachte Holzbrücke des Tales), Naturlehrpfad Schwarzwassertal (Riezlern), Naturlehrpfad Zaferna, Naturschutzgebiet Gottesackerplateau, Naturstadl (Kuhstadel und Heuboden), Skimuseum Kleinwalsertal in Hirschegg, Walser Kulturwege in Mittelberg sowie Riezlern und Hirschegg, Walsermuseum in Riezlern, Talstationen der Ifenbahn (Riezlern), Kanzelwandbahn (Riezlern), Walmendingerhornbahn (Mittelberg) und des Zaferna-Sessellifts (Mittelberg); Kleinwalsertal Tourismus, 87568 Mittelberg, Tel. 08329/51140, Fax 511421,
E-mail: kwt_tourismus@vol.at,
www.tiscover.com/kleinwalsertal

Nesselwängle
1147 m, mit Haller, Tiroler Gemeinde im östlichen Tannheimer Tal, Mountainbike-Arena, Talstation der Doppelsesselbahn Krinnenalp; Tourismusinformation, A-6672 Nesselwängle, Tel. 05675/8271, Fax 8401,
E-mail: nesselw@netway.at,
www.tiscover.com/nesselwaengle

Obermaiselstein
859 m, kleine Mitgliedsgemeinde der Verwaltungsgemeinschaft Hörnergruppe und Erholungsort auf der westlichen Illerterrasse bei Fischen, Sturmannshöhle; Verkehrsamt, 87538 Obermaiselstein, Tel. 08326/277, Fax 9408,
www.obermaiselstein.de

Oberstdorf
814 m, mit Schöllang (Verkehrsamt Tel. 08326/7197, Fax 700236) und Tiefenbach (Verkehrsamt Tel. 08322/700250), Marktgemeinde und Bergsteigerzentrum am Eingang zu den Allgäuer Hochalpen, heilklimatischer Kurort, Kneippkurort und weltberühmter Wintersportort; Breitachklamm bei Tiefenbach, Christlessee im Trettachtal, Eybachtobel bei Schöllang, Faltenbachtobel, Freibergsee, Gaisalptobel bei Reichenbach, Geologischer Lehrpfad am Nebelhorn, Heimatmuseum, Hölltobel bei Dietersberg, Holzkapelle in Rohrmoos, Jehlefelsenhöhle und Judenkirche

(Natur-Felsentor) bei Tiefenbach, Moorweiher, Naturschutzgebiet Allgäuer Hochalpen, Schöllanger Burg (Kirche) bei Schöllang, Sperrbachtobel und Traufbachtobel bei Spielmannsau; Talstationen der Fellhornbahn, Nebelhornbahn und Söllereckbahn; Kurverwaltung, 87561 Oberstdorf, Tel. 08322/7000, Fax 700236, www.oberstdorf.de

Ofterschwang
864 m, mit Tiefenberg, kleine Mitgliedsgemeinde der Verwaltungsgemeinschaft Hörnergruppe und Erholungsort auf der westlichen Illerterrasse bei Sonthofen, Naturschutzgebiet Tiefenberger Moos; Verkehrsamt, 87527 Ofterschwang, Tel. 08321/89019, Fax 89777, www.ofterschwang.de

Schattwald
1072 m, Tiroler Streusiedlung im westlichen Tannheimer Tal, Moorweiher, Talstation der Wannenjochbahn; Tourismusinformation, A-6677 Schattwald, Tel. 05675/4361, Fax 6487,
E-mail: schattwald@netway.at, www.tiscover.com/schattwald

Sonthofen
742 m, mit Altstätten (Gästeamt Tel. 08321/2170) und Hinang, Luftkurort und Zentrum des Oberallgäus im oberen Illertal, südlichste Stadt Deutschlands, Brauerei-Besichtigung, Gebirgsjägermuseum, Heimathaus, Hinanger Wasserfall bei Hinang, Kunstschmiede, Leybachtobel mit Hubertusfall bei Altstädten, Modellausstellung Mini-Mobil, Modelleisenbahnschau Mo-Lok, Ruine Fluhenstein bei Berghofen, Sonthofner See, Starzlachklamm bei Winkel, Wasserwirtschaftlicher Lehrpfad an der Iller; Verkehrsamt, 87527 Sonthofen, Tel. 08321/615291 und 615292, Fax 615293,
E-mail: gaesteinfo@sonthofen.de, www.sonthofen.de

Tannheim
1097 m, Tiroler Hauptort des Tannheimer Tales, am Eingang ins Vilsalptal; Bergaicht-Wasserfall beim Vilsalpsee, Heimatmuseum Tannheimertal, Höfersee, Kletterwand im Gebäude des Tourismusverbandes, Naturschutzgebiet Vilsalpsee, Talstation der Vogelhornbahn; TVB, A-6675 Tannheim, Tel. 05675/62200, Fax 6649,
E-mail: tannheim@netway.at, www.tiscover.com/tannheim

Zöblen
1088 m, kleine Tiroler Gemeinde im westlichen Tannheimer Tal, Fischteich; Tourismusverband, A-6677 Zöblen, Tel. 05675/6648, Fax 6666, E-mail: zoeblen@netway.at, www.tiscover.com/zoeblen

Sehenswürdigkeiten, Ausflugsziele

Breitachklamm
Die auf einer öffentlichen Straße erreichbare »interessanteste Klamm Mitteleuropas« am Eingang ins Kleinwalsertal bringt es auf eine Länge von 1780 m und eine Tiefe

von 90 m. Der instandgehaltene Klammweg, 1904 auf Anregung des Tiefenbacher Pfarrers Johann Schiebel erbaut, steigt über tobenden Wildwassern an hartnäckigen Schrattenkalk-Überhängen entlang sanft bergan. Ein Eisensteg überspannt nach der nur noch gut 1 m breiten Engstelle hinter einem riesigen Strudeltrichter die schauerliche Unterwelt. Der Wasserstandszeiger verzeichnet am 17.8.1926 eine Wasserhöhe von 3,60 m über dem Weg, der sich etwa 15 m über der Breitach befindet. Zwischen Riesenwänden verklemmen sich gewaltige Felskloben. Beim rückblickend auftauchenden »Indianergesicht« geht's über einen weiteren Eisensteg und mehr als 200 Stufen empor zum Zwingsteg. 1996 zerstörten Hochwasser die Weganlagen auf einer Gesamtlänge von über 400 m. Die Instandsetzungskosten betrugen über eine Viertelmillion DM.

Oberstdorf, Tel. 08322/4887, Öffnungszeiten: Mai bis Oktober 8–17 Uhr, November bis Februar 9–16 Uhr.

Gerstruben

Auf Wirtschafts- und Alpwegen oder dem Hölltobelsteig erreicht man in rund 1½ Std. von Oberstdorf am Eingang ins Dietersbachtal das kleine Museumsdorf Gerstruben. Ein Berggasthof und die Marienkapelle beleben das anmutige Ortsbild. Die einst größere Walser Alpsiedlung mit steinbeschwerten Schindeldächern besteht nur noch aus vier alten, denkmalgeschützten Holzhäusern in Blockbauweise. Ursprünglich waren es mit der wenig unterhalb angesiedelten »Raut« 18 Gebäude mit 30 Bewohnern, die unter Lawinenhängen Viehwirtschaft betrieben und Gerste anbauten, daher wahrscheinlich der Name. Im Jahre 1600 betrug der Viehbestand 68 Stück Großvieh und 80 Ziegen. Wer durch den wilden Hölltobel zu dieser ältesten Oberstdorfer Ansiedlung hinauf steigt, kann vage die Mühsal erahnen, die die Bewohner bis Ende des 19. Jh. auf dem felsigen Saumpfad, dem einzigen Transportweg, erdulden mussten. Am Dietersbach findet man eine wieder instandgesetzte Klopfsäge mit Schaufelrad und Holzwelle. Von Gerstruben bietet sich ein herrlicher Blick zum majestätischen Edelweißberg Höfats.

Heimatmuseum Oberstdorf

In 35 Räumen eines geschindelten Holzhauses aus dem Jahr 1620 informiert das liebevoll eingerichtete Oberstdorfer Heimatmuseum anschaulich über die Vergangenheit des obersten Allgäuer Dorfes. Komplett eingerichtet sind eine Bauernstube und eine Schlafkammer aus dem 17. Jh. sowie eine Bauernküche mit uralter Kochstelle. Auch die einst in diesem Haus betriebene Dorfsennerei ist noch vorhanden. Eine Drechslerei und Küferei, eine Nagelschmiede, eine Weberei und Seilerei geben Einblicke in das alte Oberstdorfer Handwerk. Ein echtes Unikat ist der 3,15 m lange Riesenschuh der Schuh-

Alpenvereinsstützpunkt zwischen Kleinwalsertal und Stillachtal: die Fiderepaßhütte.

sammlung von Josef Schratt mit der unglaublichen Größe 480, angeblich der größte Schuh der Welt. Weitere Themen sind Jagd, Alpwirtschaft, Alpinismus und die Geschichte des Skilaufs. Beachtenswert ist auch die Musikinstrumente-Sammlung. Sogar eine Enzianbrennerei bereichert die Ausstellungen.

Oberstdorf, Tel. 08322/5470, Öffnungszeiten: Mo–Fr 10–12 Uhr und 14–17 Uhr, Sa 10–12 Uhr.

Sturmannshöhle

Die im Jahre 1905 begehbar gemachte, einzige Schauhöhle des Oberallgäus ist von der Straße am Hirschsprung bei Obermaiselstein in etwa ½ Std. auf einem Wanderweg zugänglich. Kurz nach der Berg-Gaststätte Sturmannshaus überlistet eine Eisentreppe den abdrängenden Felsabbruch zum spaltartigen Höhlenportal. Eine Weganlage führt über 182 Stufen hinunter in die Sommer wie Winter mit etwa 4° C stets gleichmäßig temperierte Tiefe der begeisternden Eiszeithöhle. Der 280 m tiefe Gang verzeichnet einen Höhenunterschied von 75 m. Verschiedene Felsformationen sind mit Namen bezeichnet wie Drachentor und Adlerschacht. Am Ende des Rundgangs stößt man im Inneren des Schwarzenberges auf einen kleinen See mit Wasserfall. Der in einem Siphon entschwindende Wasserlauf taucht ein kleines Stück östlich der Höhle als Fallbach wieder auf. Entstanden ist die vormals Sturmatzloch genannte Höhle durch die Aufweitung einer Schichtfuge mittels Wassererosion. Die Führung nimmt rund ½ Std. in Anspruch.

Obermaiselstein, Tel. 08326/277, Öffnungszeiten: Di–So, Sommersaison 9.30–16 Uhr, Wintersaison 11–16 Uhr.

Mittelschwere Touren im Schrofengelände verlangen Trittsicherheit.

Walsermuseum
Das Walsermuseum in Riezlern widmet sich dem weltlichen und religiösen Leben der Mittelberger Walser, die einstmals das Tal erschlossen haben. So findet man in dem Heimatmuseum beispielsweise Ausstellungen über Handwerk und Landwirtschaft, Siedlungsweise und Handel, Gericht und Kunst, Erdgeschichte und Geografie sowie eine beachtenswerte Trachtensammlung. Die Wohnkultur kann man nachvollziehen in einer originalgetreuen Walserstube, Küche und Kammer sowie einer Alphütte.

Walsermuseum Riezlern, Öffnungszeiten: Pfingsten bis Ende Oktober und Mitte Dezember bis eine Woche nach Ostern Mo–Fr 14–17 Uhr (außer Feiertage).

Tipps und Hinweise

SCHWIERIGKEITSBEWERTUNG
Wanderungen in eine Schwierigkeitsskala zu zwängen, erweist sich immer als problematisch. Was der eine als reinen Vergnügungsspaziergang bezeichnet, kann dem anderen größte Probleme und Ängste bereiten. Dennoch sollen die einzelnen Vorschläge durch eine grobe Dreiteilung auseinandergehalten werden können. Diese ergibt sich aus den Farben der Tourennummern. Die Bewertung bezieht sich wohl gemerkt auf trockene Wege im unbeschädigten Zustand. Mut zur Selbstkritik kann gegebenenfalls vor Unfällen bewahren. Weitere Angaben zum Charakter einer Wanderung beinhalten die Tourensteckbriefe. So findet jeder seinen Neigungen entsprechend das Treffende.

Bergbahnen

Doppelsesselbahn Krinnenalp
Nesselwängle (Tirol), Tel. 05675/8250, Betriebszeiten: Ende Mai bis Mitte Oktober 9–16.30 Uhr, Mittagspause 12–13 Uhr.

Fellhornbahn
Oberstdorf, Tel. 0700/55533888, Betriebszeiten: Mitte Mai bis Ende Oktober 8.20–16.50 Uhr.

Gondelbahn Füssener Jöchl
Grän (Tirol), Tel. 05675/6363, Betriebszeiten: Ende Mai bis Ende Oktober 9–16.30 Uhr.

Hornbahn Hindelang
Hindelang, Tel. 08324/2404, Betriebszeiten: Mitte Mai bis Ende Oktober 9–17 Uhr.

Hörnerbahn
Bolsterlang, Tel. 08326/9091, Betriebszeiten: Mitte Mai bis Ende Oktober 8.30–16.30 Uhr.

Ifenbahn
Mittelberg/Riezlern, Tel. 08329/53340, Betriebszeiten: Mitte Juni bis Anfang November 8.15–16.30 Uhr, Mittagspause 12–13 Uhr.

Iselerbahn Oberjoch
Hindelang/Oberjoch, Tel. 08324/95160, Betriebszeiten: Anfang Juni bis Ende Oktober 8–17 Uhr.

Kanzelwandbahn
Mittelberg/Riezlern, Tel. 08329/527450, Betriebszeiten: Anfang Juni bis Ende Oktober 8.30–16.45 Uhr.

Nebelhornbahn
Oberstdorf, Tel. 0700/55533666, Betriebszeiten: Ende April bis Anfang November 8.30–16.50 Uhr.

Söllereckbahn
Oberstdorf, Tel. 08322/98756, Betriebszeiten: Mitte Mai bis Mitte Oktober 8.30–16.45 Uhr.

Vogelhornbahn
Tannheim (Tirol), Tel. 05675/6260, Betriebszeiten: Ende Mai bis Ende Oktober 8.30–16.30 Uhr, Mittagspause 12–13 Uhr.

Walmendingerhornbahn
Mittelberg, Tel. 08329/727450, Betriebszeiten: Ende Mai bis Ende Oktober 8.15–16.45 Uhr.

Wannenjochbahn
Schattwald (Tirol), Tel. 05675/6776, Betriebszeiten: Mitte Juni bis Anfang Oktober 8.30–16.15 Uhr, Mittagspause 12–13 Uhr.

Zaferna–Sessellift
Mittelberg, Tel. 08329/5956, Betriebszeiten: Anfang Mai bis Ende Oktober 9–16.30 Uhr.

BLAU Hierbei handelt es sich um leichte Touren für Wanderer, die auch bei zweifelhaftem Wetter relativ gefahrlos begangen werden können. Forst- und Alpwege sowie einfache Pfade und Steige ohne ausgesetzte Passagen sind meist gut beschildert und markiert. Maximal mittelsteile Anstiege können steilere Aufschwünge beinhal-

Reine Talwanderungen

Fischen – Weidach-Naturpark	Tour 11
Sonthofen – Tiefenberger Moos	Tour 3

Wanderungen mit geringem Höhenunterschied

Altstädten – Malerwinkel	Tour 5
Außerschwende – Osterbergalp	Tour 24
Baad – Bärgunthütte	Tour 31
Bad Oberdorf – Zipfelsbachfall	Tour 35
Balderschwang – Scheuenwasserfall	Tour 10
Füssener Jöchl – Otto-Mayr-Hütte – Vilser Scharte	Tour 47
Hirschegg – Bühlalp	Tour 28
Hubertuskapelle – Schwarzenberghütte	Tour 38
Oberstdorf – Gerstruben	Tour 15
Station Höfatsblick – Laufbacher Eck	Tour 14
Tiefenbach – Judenkirche	Tour 12

Touren mit Seilbahnunterstützung

Gottesackerplateau	Ifenbahn, Riezlern	Tour 26
Hochleite, Freibergsee	Söllereckbahn, Oberstdorf	Tour 18
Kuhgehrenspitze	Kanzelwandbahn, Riezlern	Tour 25
Laufbacher Eck	Nebelhornbahn, Oberstdorf	Tour 14
Obere Strindenalp, Haldensee	Vogelhornbahn, Tannheim	Tour 44
Otto-Mayr-Hütte, Vilser Scharte	Gondelbahn Füssener Jöchl	Tour 47
Schüsser, Hammerspitze	Fellhornbahn, Oberstdorf	Tour 20
Sonnenkopf, Heidelbeerkopf	Hornbahn, Hindelang	Tour 33
Weiherkopf, Großer Ochsenkopf	Hörnerbahn, Bolsterlang	Tour 7

Hüttentouren mit Übernachtungsmöglichkeit und Wander- bzw. Gipfelzielen

Fiderepasshütte	Tour 21	
Kanzelwandhaus	Tour 19	
Kemptner Hütte	Tour 4	E 5 ins Lechtal
	Tour 17	Kratzer
Landsberger Hütte	Tour 43	Schochenspitze
Mindelheimer Hütte	Tour 29	
Prinz-Luitpold-Haus	Tour 37	
	Tour 39	Wiedemerkopf
Rappenseehütte	Tour 23	Rappenseekopf, Hochrappenkopf
Schwarzwasserhütte	Tour 27	Steinmandl, Grünhorn
Waltenberger Haus	Tour 22	Bockkarkopf

ten. Da manche dieser Ausflüge bereits in große Höhen führen, ist entsprechende Ausrüstung zu empfehlen. Nicht allzu lange und abwechslungsreiche Touren sind auch für Kinder geeignet.

ROT Hier sind mittelschwere Touren für trittsichere und geübte Bergwanderer zusammengefasst, die sich bei entsprechender Vorsicht und Routenlänge auch für berggewohnte Kinder eignen. Längere steile Steige, eventuell mit sehr steilen Aufschwüngen gewürzt, setzen eine gewisse Kondition und eine überlegte Ausrüstung voraus. Außerdem können kurze unmarkierte und Orientierungssinn erfordernde Abschnitte sowie ausgesetzte, mitunter drahtseilgesicherte Stellen im Schrofengelände (je nach Jahreszeit Firnfelder!) vorkommen. Bei einem Wettereinbruch wird bereits alpine Erfahrung verlangt.

SCHWARZ Schwierige Touren mit leichter Kletterei für im Hochgebirge erfahrene, trittsichere und schwindelfreie Bergwanderer mit alpiner Ausrüstung. Längere steile oder sehr steile Steige in möglicherweise nur dürftig oder gar nicht markiertem Felsgelände mit ausgesetzten Passagen (auch im Sommer Firnfelder!) setzen Kondition und guten Orientierungssinn voraus. Wegen der zum Teil beachtlichen Höhenlage ist zuverlässiges Wetter unabdingbar.

Deutscher Alpenverein
Tel. 0049/0)89/294940
Alpenvereins-Wetterbericht Alpen
Tel. 089/295070.
Internet-Adressen
www.all-in.de.
www.alpenverein.de
www.bergwetter.de

ZEITANGABEN Die angegebenen Gehzeiten für Auf- und Abstiege können nur Richtwerte sein; zu ungleich ist das Tempo der einzelnen Wanderer und Bergsteiger. Auch andere Faktoren beeinflussen die benötigte Zeit wie ein schwerer Rucksack, ungünstige Bedingungen, Hitze, die persönliche Tagesform usw. Jeder muss für sich herausfinden, ob er in etwa die angegebenen Zeiten braucht, ob er langsamer oder schneller ist.

HÖHENPROFIL Das Höhendiagramm vermittelt auf einen Blick einen ersten Eindruck von der Länge der Tour (km) und dem Höhenunterschied (m), der zu bewältigen ist. Ebenfalls abzulesen sind die absoluten Höhen sowie die Gehzeiten.

ORIENTIERUNG Führer und Karte nützen wenig, wenn die nötige Sorgfalt fehlt. Kluge studieren ihre Hilfsmittel nicht nur vor der Tour ganz genau, sie bleiben auch unterwegs stets »am Ball«, vergleichen laufend ihre Unterlagen mit den Gegebenheiten. Nur so fällt ein Fehler sofort auf. Die gute Hütten-Infrastruktur gibt zusätzlich die Möglichkeit, sich immer wieder Informationen vor Ort zu verschaffen.

1

Heidenkopf, 1685 m, und Gratkopf, 1670 m

Schlüsselstellen des Oberallgäuer Rundwanderwegs

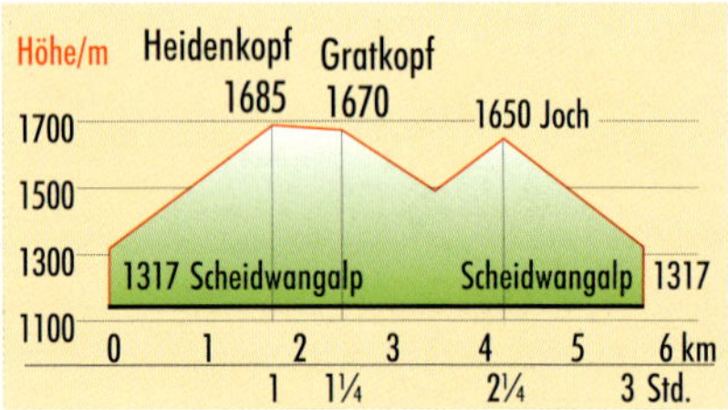

Ausgangspunkt: Gunzesried/ Scheidwangalp (Gemeinde Blaichach), Parkplatz, 1317 m; zu erreichen auf dem Mautsträßchen von Gunzesried/Säge.
Gehzeit: Gratkopf 1¼ Std., Rückweg 1¾ Std.; gesamt 3 Std.
Charakter: Mehrere kleine Steilaufstiege. Ausgesetzte Passagen zum Heidenkopf mit kurzer und leichter, gesicherter Kletterei (I) in teilweise schmierigem Fels und am Gratkopfabstieg erfordern Trittsicherheit. Überwiegend bezeichnete Steige. Vorsicht bei Nässe!
Karte: KOMPASS Nr. 3.

Unsere einprägsame Tour ins wilde Reich der Nagelfluh startet an der **Scheidwangalp**, auf der Wasserscheide Rhein – Donau. Der Oberallgäuer Rundwanderweg schwingt sich südlich bergan durch aufgelockerten Bergwald. In einem Rechtsbogen leitet der Steig zu einem verfallenen Viehunterstand. Rückblickend zeigt sich die Rindalpenkette. Nach einer Alpwanne zieht die Route erneut an zum Joch zwischen Heidenkopf und Girenkopf. Nun setzt der kurze anspruchsvolle und etwas ausgesetzte Gipfelaufstieg an. Ein felsiger Steilaufschwung mit ein paar erdigen, nicht ganz zuverlässigen Tritten ist durch Drahtseile entschärft. Er verlangt aber dennoch für wenige kitzlige Augenblicke eine saubere Kletterei (I). Danach lockt zur Rechten ein luftiger Aussichtspunkt.

Auf fortwährend spannendem Routenverlauf ist bald der **Heidenkopf**

Auf dem pfiffigen Gratkopfabstieg.

erreicht. Die überwältigende weite Blickspanne wird im Osten von den Tannheimer, im Westen von den Schweizer Bergen begrenzt.

Ein unterhaltsamer Höhenkurs folgt nach einem kleinen südöstlichen Grasabstieg dem flachen, geräumigen Kamm. Baumgruppen behindern ab und an die Sicht. Noch wenige Stufen und schon steht man auf dem **Gratkopf**. Dieses eigenwillige Massiv, das sich aus Grasköpfen, kecken Türmen und Nadeln zusammensetzt, verdient eine gebührende Schaupause.

Anschließend erfordert der reizvolle Abstieg über einen sich verschmälernden Grat mit nochmals ausgesetzten felsigen Stellen unsere volle Aufmerksamkeit. In der Weidemulde vor dem Siplingerkopf achten wir auf die Markierung und überwinden einen ansteigenden Felsverhau. Danach verlassen wir den Oberallgäuer Rundwanderweg auf der gemütlichen, zur Oberen Balderschwanger Alp führenden Talroute. Der auf einem Baumstumpf angebrachte Wegweiser Richtung Heidenkopf zeigt uns den steilen Aufstieg über bucklige Hänge und an auffallenden Nagelfluhtürmen vorbei, zurück zum bereits vorhin betretenen Joch.

Dort nimmt man den bekannten Kurs hinunter zur **Scheidwangalp** auf.

Bleicherhorn, 1669 m, und Höllritzerecke, 1669 m

Leichte Wanderberge über dem Ostertal

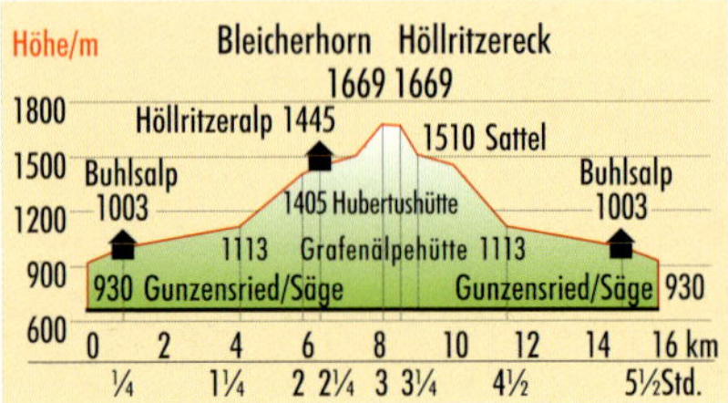

Ausgangspunkt: Gunzesried/Säge (Gemeinde Blaichach), Bushaltestelle, 930 m; Parkplatz am Ortseingang.
Gehzeit: Höllritzeralp 2¼ Std., Höllritzereck 1 Std., Abstieg 2¼ Std.; gesamt 5½ Std.
Charakter: Kurzer mittelsteiler Aufstieg zum Bleicherhorn. Meist bezeichnete Alp- und Ziehwege, Pfade und Steige.
Einkehr: Buhlsalp, Höllritzeralp.
Karte: KOMPASS Nr. 3.

Der grüne Zwillingsgipfel zwischen dem hintersten Ostertal und dem Balderschwanger Tal ist ein typischer Vertreter der sanft geformten Flyschberge. An der Bushaltestelle im Gunzesrieder Ortsteil **Säge** achten wir auf den Wegweiser »Naturlehrpfad« und an einer Gabelung auf das Täfelchen »Riedberger Horn«. Beim vorerst letzten Haus nimmt uns ein zu Beginn ansteigender Ziehweg auf. An der Stuttgarter Hütte sowie an der Schwabenhütte vorbei wandern wir hinein ins schweigende Ostertal.

Vom Berghaus Diesch führt dann ein Fahrweg durch ein Wäldchen zur

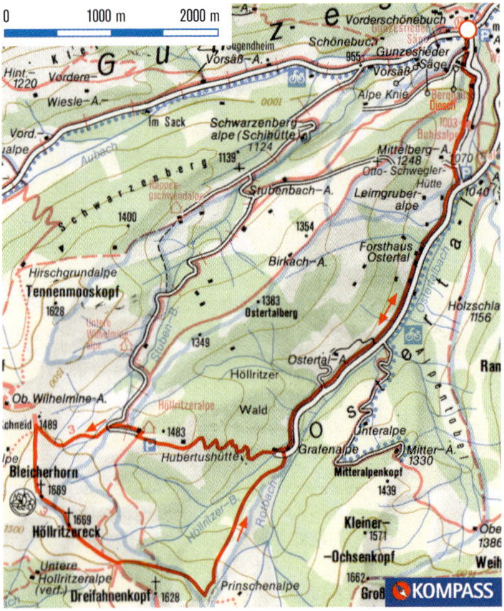

Der Siplingerkopf vom Aufstieg zum Bleicherhorn.

Buhlsalp und danach eine Anliegerstraße auf das Riedberger Horn zu. Nach kleinem Gefälle hat man auf einem Alpsträßchen über Viehweiden und Wiesen den Ostertalbach als Begleiter. Geradeaus an einer Bienenzucht vorbei steigt die nun waldige Route deutlicher an. Nach Querung einiger Seitenbäche taucht die **Grafenälpehütte** (auch Grafenalp) auf, eine Jagdhütte.

Das Schild »Höllritzer Alpe« weist auf einen Ziehweg, der sich nach einer Bachbrücke durch lockeren Mischwald empor windet zur Hubertushütte unter dem Bleicherhorn. Über ein Weidegebiet erreichen wir schließlich die **Höllritzeralp**.

Nur kurz folgen wir nach behaglicher Einkehr einem Mautsträßchen, bis der Ziehweg Richtung »Sipplingerkopf« abzweigt. Dieser wechselt bald in einen leicht steigenden Pfad. Zuletzt bringt uns ein wenig anstrengender Grassteig, Teil des Oberallgäuer Rundwanderwegs, über einen schmalen, mit ein paar Fichten bestockten Rücken zum **Bleicherhorn**, das uns mit einem hübschen Rundblick begrüßt. Nur eine geringe Einsenkung des begrünten Kammes trennt uns jetzt noch vom gleich hohen **Höllritzereck**.

Über einen ebenfalls schmalen Rücken erfolgt der Abstieg in einen Sattel. Von dort quert ein Pfad schattseitig die Strauchzone am Dreifahnenkopf. Ein kleines Stück vor der Prinschenalp bummelt man zufrieden über nordgerichtete Weidehänge hinunter zur **Grafenälpehütte**, wo man den bekannten Kurs zum Ausgangspunkt **Säge** aufnimmt.

Tiefenberger Moos

Im vielgestaltigen Illertal

Ausgangspunkt: Sonthofen, Bahnhof (Parkplatz), 740 m.
Gehzeit: Tiefenberger Moos 1¼ Std., Rückweg 1½ Std.; gesamt 2¾ Std.
Charakter: Mäßiger Anstieg. Teilweise beschilderte Wirtschafts-, Wald- und Wanderwege, Pfade und ganz kurze Straßenabschnitte, kleine weglose Passage.
Einkehr: Sport- und Kurhotel Sonnenalp und in Tiefenberg.
Karte: KOMPASS Nr. 3.

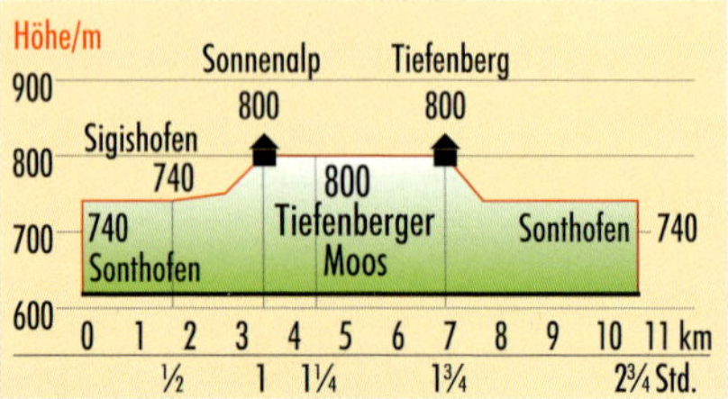

Wir starten zu der Erholungsrunde am Bahnhof in **Sonthofen** auf der Bahnhofstraße, schwenken rechts in die Moltkestraße ein und achten auf den Richtungszeiger »Stadtteil Rieden«. Vor der Bushaltestelle geht's durch eine Fußgänger-Unterführung. Anschließend spazieren wir über den Illersteg und folgen links dem Ufer-Wanderweg. Wenig später ist der Stadtteil **Sigishofen** erreicht.

Am Rathaus wählen wir links die Straße Richtung Schweineberg. Nach dem Ortsende muss man kurz mit dem Fahrbahnrand der B 19 vorlieb nehmen, bis ein Wirtschaftsweg in den Krebsbachtobel leitet. Dort verschmälert sich der Kurs in einen nur mäßig steigenden Waldwanderweg.

An der Verzweigung am Tobelende trennt uns noch eine weglose Weidequerung vom **Sport- und Kurhotel Sonnenalp**.

Der Fußgängerweg neben der nach Sigiswang führenden Straße

Tiefenberger Moos mit Sonthofner Hörnern.

hält nun auf die Sonthofner Hörner zu. Nicht lange, dann lenkt das Wandertäfelchen auf den reizvollen Pfad ins **Tiefenberger Moos**. Auf zwei Eisenstegen wird ein winziger Moorbach überschritten. Am bewaldeten Rand des Feuchtgebietes lässt sich die eigenwillige Ausstrahlung dieses urigen Fleckens in vollen Zügen genießen. Wo wir auf einen querlaufenden Wanderweg stoßen, lohnt es sich, diesem auf einem Abstecher bis zur Tafel »Einheimische Nadelbäume und Sträucher« durchs teilweise offene Hochmoor zu folgen.

Zurück auf der Hauptroute schaltet sich ein Feldweg ein. Bei Tiefenberg folgt man mit Rubihornblick rechts einem ruhigen Sträßchen. An einem Waldeck ist auf die Beschilderung »Moosrunde« zu achten. Anfangs wieder auf einem Feldweg, wenig später auf einem Wanderweg, schlendert man durch Wald und über Lichtungen zum Ofterschwanger Ortsteil **Tiefenberg**. Das Schild »Haus Engstler« weist in ein Anliegersträßchen. Im weiteren Verlauf wandern wir auf einem Wirtschaftsweg bergab zur vorsichtigen Querung der Bundesstraße.

Nach einem ganz kurzen Abschnitt am Fahrbahnrand bietet der Auwald am Illeruferweg einen recht beschaulichen Ausklang nach **Sonthofen**.

Fernwanderweg E 5 ins Lechtal

Über den Allgäuer Hauptkamm

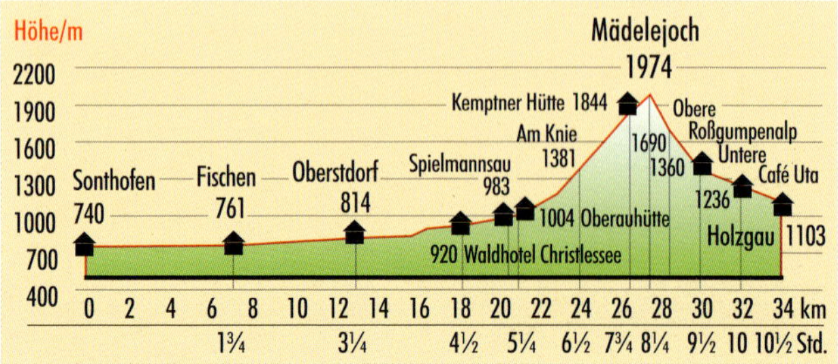

Ausgangspunkt: Sonthofen, Bahnhof (Parkplatz), 740 m.
Gehzeit: 1. Tag: 4½ Std., 2. Tag: 3¼ Std., 3. Tag: 2¾ Std.; gesamt 10½ Std.
Charakter: Der abschnittsweise steile, ausgesetzte und gesicherte Sperrbachtobelaufstieg verlangt bei Nässe erhöhte Vorsicht. In der Regel meist gut bezeichnete Wirtschafts-, Wander- und Alpwege sowie Anliegersträßchen und Steige.
Einkehr: In Fischen (kleiner Abstecher) und Oberstdorf, Restaurant und Waldhotel Christlessee (Übernachtung: Tel. 08322/ 60 80), Berggasthof Spielmannsau, Oberauhütte, Kemptner Hütte (Übernachtung: Tel. 08322/700152), Untere Roßgumpenalp, Cafe Uta und in Holzgau.
Karte: KOMPASS Nr. 3.

Holzgau, Weitwanderziel im Tiroler Lechtal.

Der von der Nagelfluhkette kommende Europäische Fernwanderweg E 5 Bodensee – Adria folgt in drei wenig anstrengenden Tagesetappen abseits des Verkehrs dem Illertal nach Oberstdorf, führt durch das romantische Trettachtal und den wilden Sperrbachtobel zur Kemptner Hütte und jenseits des Allgäuer Hauptkamms durchs faszinierende Tiroler Höhenbachtal nach Holzgau im Lechtal. Wir starten am Bahnhof in **Sonthofen** auf der Bahnhofstraße, schwenken rechts in die Moltkestraße ein und achten dort auf den Richtungszeiger »Stadtteil Rieden«.

Vor der Bushaltestelle geht's durch eine Fußgänger-Unterführung. Beim Illersteg benützt der E 5 flussaufwärts den Wasserwirtschaftlichen Lehrwanderweg, einen uferbegleitenden Wirtschaftsweg. Durch wieder mögliche Laufveränderungen der Iller entstehen hier neue Biotope. Die Schautafeln durch den renaturierten Auwald in-

formieren bis zum Ortsrand von **Fischen** über den Gebirgsfluss als Lebensraum, über Geologie, Flussmorphologie und Wassernutzung.

Die Woitwanderroute wechselt jetzt mittels einer Straßenbrücke das Ufer. Stolz setzt sich das Rubihorn in Szene. Auf der Höhe von Rubi bringt uns eine Fußgängerbrücke zurück ans Ostufer.

Ab dem Illerursprung haben wir die Trettach als Begleiterin. Bald nach einer Straßenquerung am Ortsanfang von **Oberstdorf** gelangt man auf einem Wanderweg zur Nebelhornbahn.

Beim Trettach-Stüble geht man über den Großparkplatz und folgt an der Minigolfanlage dem Wanderweg zu den Loretto-Kapellen.

Dort führt das nach Dietersberg ausgeschilderte, später steigende Anliegersträßchen zum Golfplatz. An der nächs-

Am Ausgang des Stillachtals.

ten Gabelung bleiben wir der wieder flachen und schmäleren Route Richtung Spielmannsau treu, die etwas oberhalb der Trettach auf die rassige Trettachspitze zuhält, links der Kratzer.

Das **Waldhotel Christlessee** bietet sich am idyllischen, gleichnamigen Bergsee zu einer Übernachtung an.

Am nächsten Morgen geht es auf einem Natursträßchen weiter über schmale Wiesen und Weiden und ans andere Trettachufer. Hinter der Kapelle Christi Geburt trägt uns die Traufbachbrücke zu den Häusern von **Spielmannsau**.

Nach der Oberauhütte zweigt der mitunter felsige Steig Richtung Kemptner Hütte ab. Dieser quert zwischen riesigen Schrofenflanken erst noch leicht steigend durch lockeren Mischwald an der Trettach ein paar Sturzbäche. Das Hochgebirge hat uns aufgenommen.

Buschwerk säumt den urigen Sperrbachtobel, dessen Seite wir auf einem soliden Eisensteg wechseln. Anschließend überwinden wir den Steilaufschwung zum Marterl »Am Knie«. Zu einer weiteren Bachquerung mittels eines Alustegs lässt sich's kurz aufatmen, dann steigt unser ab und an ausgesetzter und versicherter Kurs durch den beklemmenden und von Lawinenresten gefüllten Felsentobel erneut an. In einer Schleife, einen letzten Bach über-

schreitend, wandern wir wieder gemütlich durch einen Alpkessel hinauf zur **Kemptner Hütte** der Alpenvereins-Sektion Kempten unter dem wuchtigen Kratzer.
Am dritten Tag weist uns die E 5-Beschilderung an zwei Verzweigungen über teilweise schrofige aber kaum anstrengende Hänge hinauf ins **Mädelejoch** an der Tiroler Grenze. Im Osten bestechen der Große Krottenkopf, Regent der Allgäuer Alpen, und der zerborstene Ramstallkopf, während über der Furche des Lechtals bereits die Lechtaler Alpen aufragen.
Man steigt nun hoch über dem Roßgumpenbach talwärts über abschnittsweise latschenbewachsene Grashänge und erreicht die Obere Roßgumpenalp sowie nach einem längeren Waldstück die **Untere Roßgumpenalp**. Beim Oberen Fall wird an der Einmündung des Schochenalpbachs der Unterlauf des Roßgumpenbachs gequert. Dann geleitet uns ein erholsamer Alpweg über Lichtungen durchs Höhenbachtal zum **Café Uta**.
Den Simmswasserfall passierend taucht hinter einer schluchtartigen Enge unser Weitwanderziel auf, das attraktive Dorf **Holzgau** im Oberen Lechtal.
Dort besteht eine Busverbindung durch das Tannheimer Tal zurück nach **Sonthofen**.

Die Iller nahe ihres Ursprungs bei Oberstdorf.

Malerwinkel

Zauberhafte Landschaftsbilder in Stadtnähe

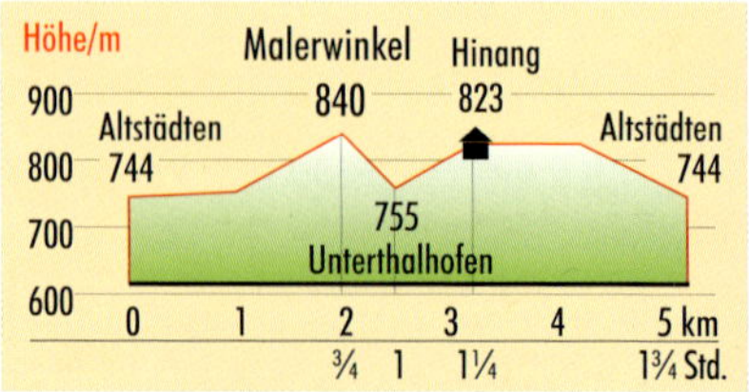

Ausgangspunkt: Altstädten (Stadt Sonthofen), Bahnhof, 744 m; Parkmöglichkeit rechts am Zaun.
Gehzeit: Malerwinkel ¾ Std., Rückweg 1 Std.; gesamt 1¾ Std.
Charakter: Lediglich kleine Anstiege. Ausreichend beschilderte Wirtschafts- und Waldwege, Ziehweg und Pfade.
Einkehr: In Hinang.
Karte: KOMPASS Nr. 3.

Die spannende Spazierrunde beginnt beim Bahnhof in **Altstädten**. Der Wirtschaftsweg jenseits der Geleise Richtung Thalhofen leitet uns, die an alemannische Reihengräber erinnernde Steinsäule passierend, auf die Oberstdorfer Berge zu. Wir benützen den nächsten Bahnübergang und achten im Dorf auf den Wegweiser »Malerwinkel«. Auf einem Waldweg überwinden wir den steilen, das Illertal begrenzenden Berghang. Danach umrundet ein Pfad im Bogen eine Schafweide. Teilweise über Stufen steigt man in wenigen Windungen durch den Burgwald empor und gelangt mit zweimaliger Forstwegquerung zum **Malerwinkel**.

Von der Rastbank auf der kleinen Bergeshöhe offenbart sich ein Bild für Götter. Besonders prächtig ist der Anblick, wenn der Buchenwald im spätherbstlichen Farbenreigen aufflammt. Über Thalhofen setzen die Schöllanger Burgkapelle und die schlanken Kirchtürme von Langenwang und Oberstdorf Akzente in den weiten Talkessel. Ewig könnte man hier sitzen und die Zackenfolge der begeisternden Oberallgäuer Felsmajestäten ergründen.
In ein paar engen Pfad-Serpentinen schlendern wir nun an scharfkantigen Felskloben bergab. Eine

Herbststimmung im Malerwinkel.

fesselnde Etappe. In **Unterthalhofen** queren wir den Hinanger Bach und lassen uns vom Wanderschild »Hinang« den Weiterweg zeigen. Ein Ziehweg und kurz darauf wieder ein Pfad leiten uns gemütlich am Bachtobel mit kleinen Wasserfällen bergan. Im Stadtteil **Hinang** hält man sich Richtung Altstädten, im Osten die Sonthofner Sonnenköpfe. Auf einem Wirtschaftsweg lässt man ein Einzelanwesen links liegen und folgt am Waldbeginn kurz talwärts einem Trimm-Dich-Pfad. Mit einem unbedeutenden Gegenanstieg führt ein Waldweg zu einem Illertal-Tiefblick. Zuletzt bringt uns ein Pfad über zwei lange Steintreppen zurück nach **Altstädten**.

Das alemannische Gräberfeld von Altstädten

Eine beachtenswerte Steinsäule beim Altstädter Bahnhof erinnert an ein beim Bahnbau 1887 entdecktes alemannischen Reihengräberfeld aus der Wende vom 6. ins 7. Jahrhundert. Der frühmittelalterliche und während der Bauarbeiten teilweise zerstörte Friedhof lag ursprünglich auf dem westlich der Kirche abgetragenen Kirchbichel. Die wiederholten Ausgrabungen deckten 80 Gräber nicht besonders wohlhabender Siedler auf. Als Grabbeigaben kamen Waffen und Schmuck zum Vorschein. Im Heimathaus Sonthofen sind noch Arm-, Finger- und Ohrringe sowie ein Schuhriemenbesatz aus Bronze, Messer und maskenplattierte Beschläge einer Gürtelgarnitur zu sehen.

Rangiswanger Horn, 1615 m

Bequemer Ausflug in die Hörnergruppe

Ausgangspunkt: Ofterschwang/Sigiswang, Bushaltestelle bei der Kapelle, 848 m; Parkmöglichkeit am Straßenrand.
Gehzeit: Sigiswanger Hornalp 1½ Std., Rangiswanger Horn ¾ Std., Abstieg 1¾ Std.; gesamt 4 Std.

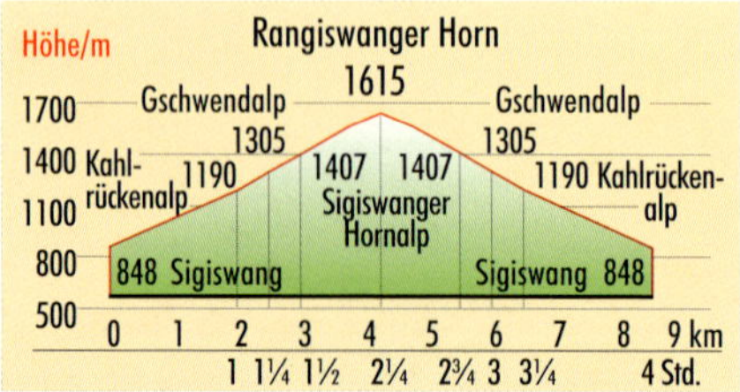

Charakter: Langer meist mittelsteiler Aufstieg. Überwiegend beschilderte Alpwege und Pfade.
Karte: KOMPASS Nr. 3.

Das Rangiswanger Horn, der dritte Gipfel des Sonthofner Hörnerkamms, zeichnet sich durch eine umfassende Rundschau aus. Besonders einprägsam offenbaren sich von dem bis obenhin begrünten Bergziel die großen Allgäuer Felsgestalten um Oberstdorf. Eine weitere Auszeichnung dieser komfortablen Bergwanderung ist der nahezu ständige Rückblick ins prächtige Illertal. Unernehmungslustige, die nicht auf demselben Weg ins Tal zurückkehren möchten, können nach dem Gipfelabstieg auch den Panoramaweg am Sigiswanger Horn vorbei zur Fahnengehrenalp und die Route über die Buchenschwandalp nach Ofterschwang in Erwägung ziehen.

Wir folgen in **Sigiswang** bei der Kapelle der nach Ofterschwang steigenden Kreisstraße und kurz darauf dem abzweigenden, geteerten Alpweg. In spürbaren Kehren wandern wir mit herrlichen Talblicken über Wiesenhänge empor, gehen an einer Abzweigung Richtung Bolsterlang und richten uns an der nächsten Gabelung dann nach dem Schild »Kahlrückenalpe«. Gleich nach der

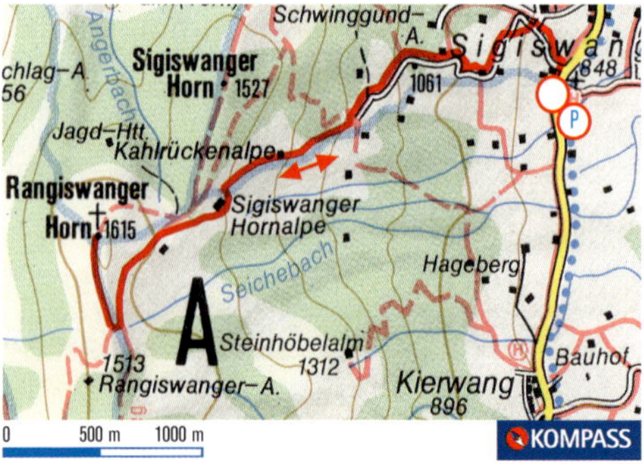

Sonthofner Talkessel mit Grünten von der Sigiswanger Hornalp.

ein Stück abseits gelegenen Schwinggundalp erreicht man das etwas protzige Evangelische Freizeitheim **Kahlrückenalp**.
Der nun schmälere Weg führt durch ein kleines Waldstück und, an Steigung zulegend, über Weidehänge zur Gschwendalp. Wir passieren daraufhin ein Naturstein-Rastplätzchen und treffen wenig später bei der **Sigiswanger Hornalp** ein.
Auf einem breit ausgetretenen Pfad bummeln wir jetzt gemütlich unter unserem Gipfelziel vorbei, südwestlich über Alpböden hinauf in die schwache Einsenkung auf dem zum Weiherkopf führenden Kamm. Von dort sind es nur noch ein paar Minuten zum **Rangiswanger Horn**.
Über dem Oberstdorfer Talkessel setzen sich so manche der Allgäuer Rang-und-Namen-Gipfel in Szene: das Nebelhorn, der Große und Kleine Wilde, die Höfats, der Große Krottenkopf, Trettachspitze und Mädelegabel...

Weiherkopf, 1665 m, und Großer Ochsenkopf, 1662 m

Über zwei kleine Gipfel ins Bolgental

Ausgangspunkt: Bolsterlang, Bushaltestelle an der Hörnerbahn (Parkplatz), 940 m.
Gehzeit: Großer Ochsenkopf 1¼ Std., Abstieg 2 Std.; gesamt 3¼ Std.
Charakter: Kurzer Steilaufstieg zum Weiherkopf. Meist bezeichnete Steige und Pfade, Alp- und Wanderwege.
Einkehr: Berghaus Schwaben, Zunkleitenalp.
Karte: KOMPASS Nr. 3.

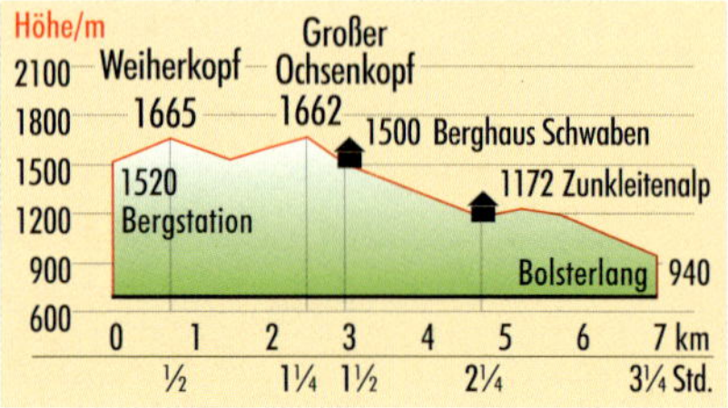

Den Aufstieg zu der problemlosen Höhenwanderung nimmt uns die Kleinkabinenbahn von Bolsterlang in zwei Sektionen zur **Bergstation** am Bolsterlanger Horn ab. Auf einem meist mit Holzstufen angelegten Steig mühen wir uns über einen steilen, mit Fichten bestockten Bergrücken auf den **Weiherkopf**, eine an schönen Tagen recht bevölkerte Weidekuppe. Verständlich, entfaltet sich doch von hier ein phantastisches Gipfelpanorama vom Grünten über all die ungezählten Zacken, Grate und Kämme bis zum Widderstein.
Richtung Schwabenhaus geht's nun ebenfalls über einen Waldrücken bergab. Später erfreut man sich einer gemächlichen Höhenbummelei. Nach einem mä-

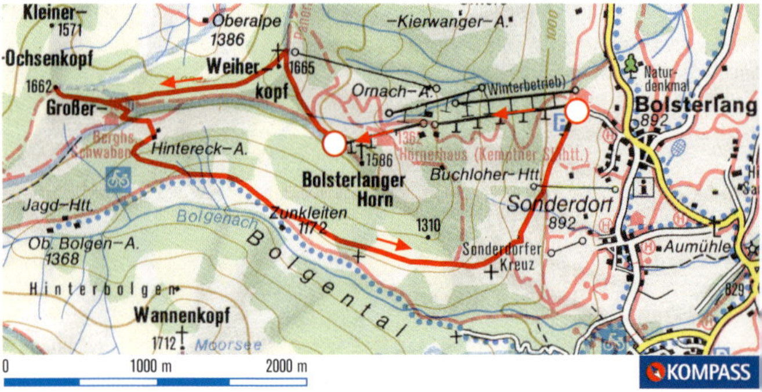

ßigen Gegenanstieg verlässt man an einer Verzweigung die zum Berghaus Schwaben beschilderte Route und bleibt dem für eine Weile wieder flachen Kammverlauf treu. Ab der nächsten Gabelung setzt der kurz unbezeichnete, aber ausgetretene und nicht sonderlich anstrengende Schlusssehen, rechts vom Ifen dominiert der Zitterklapfen.

Wir steigen zurück zur Gabelung und in Kürze bergab zum **Berghaus Schwaben**, einer beliebten Einkehr. Der Alpweg Richtung Bolsterlang führt über einen Weidehang zur nahen Hintereckalp. Dort zweigt ein Pfad ab, der uns

Das einladende Berghaus Schwaben am Großen Ochsenkopf.

aufstieg an über einen Zwergstrauchhang mit Alpenrosen zu dem von der Westseite her beweideten Gipfelrundling namens **Großer Ochsenkopf**.

Trotz der Nähe der Bergbahn ein verhältnismäßig stilles Gipfelziel. Nur wenige kränkelnde, teilweise auch bereits abgestorbene Fichten behindern den Rundumblick. Sogar das Lechquellengebirge lässt sich hinter dem Widderstein durch Wald und über Lichtungen ins Bolgental leitet. Auf einem geteerten Alpweg kommt man zur **Zunkleitenalp**. Dort lenkt das Schild »Hörnerbahn« auf einen ansteigenden Ziehweg, der im weiteren Verlauf in einen Wanderweg wechselt.

Ab der Wegtafel »Sonderdorfer Gasse« ist es nicht mehr weit, am Sonderdorfer Kreuz vorbei, hinunter nach **Bolsterlang**.

Samstenberg, 1515 m

Individualismus am Westrand des Allgäus

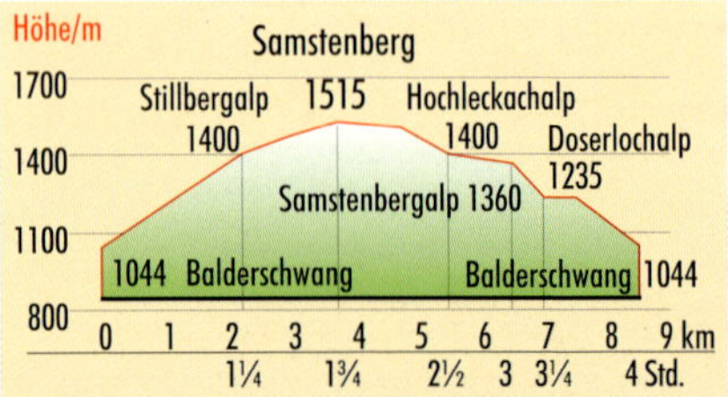

Ausgangspunkt: Balderschwang, Bushaltestelle im Ortsbereich Schlipfhalden, bei den Alpchalets (Parkplatz) am westlichen Dorfende, 1044 m.
Gehzeit: Stillbergalp 1¼ Std., Samstenberg ½ Std., Abstieg 2¼ Std.; gesamt 4 Std.
Charakter: Mitunter steiler Aufstieg zur Stillbergalp. Zum Teil bezeichnete Pfade und Pfadspuren, kurze Abschnitte auf Steig, Alp- und Ziehwegen. Orientierungssinn erforderlich, Grenzübertritt.
Karte: KOMPASS Nr. 3.

Als Startpunkt für die höchst einsame Unternehmung bieten sich die Alpchalets am Dorfende von **Balderschwang** an. Gleich danach lenkt an der Pension Theresienhof das Schild »Höhenweg« auf eine nach kurzem Aufschwung in Dorfrichtung führende Pfadspur. Bei einem Bauernhof gehen wir Richtung »Alpe Samstenberg«.
Der zwischen Waldflecken ansteigende Ziehweg heizt ordentlich ein. An der Gabelung unterhalb der Klösterlealp achten wir auf das Täfelchen »Gratwanderung« und schlendern auf einem Pfad ein Stück am Waldhang entlang. Ab der folgenden Verzweigung windet sich ein Steig empor zur **Stillbergalp**.
Die Blickspanne vom Riedberger Horn über die Hochalpen und Gottesackerwände zum Bregenzerwaldgebirge verlangt nach einer Pause.
Der Alpweg Richtung Spicherhaldealp leitet mit einer Kehre zur Kammhöhe unter dem zugewachsenen Stillberg. Dessen nur wenige Meter hoher Zwillings-Gipfelfelsen südlich der Wegkuppe ist – man will es kaum glauben – nur in

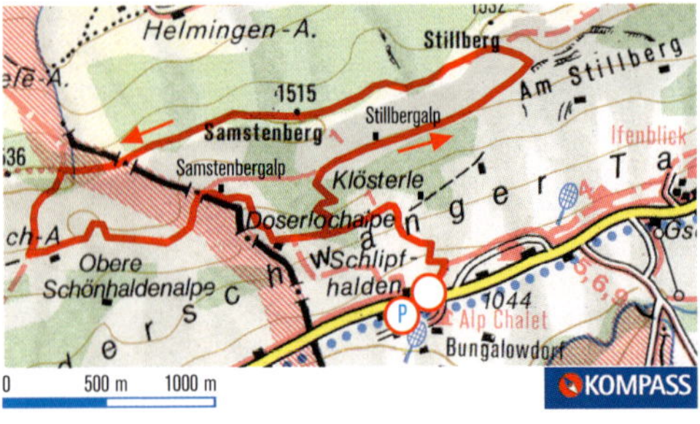

Die Weideböden der Samstenbergalp.

anspruchsvoller Kletterei des gehobenen II. Grades zu überlisten. Wir verzichten auf diese Eskapade und folgen gleich in westlicher Richtung, erst auf einer Fahr-, wenig später auf einer Pfadspur, zwischen Fichtengruppen dem Kamm. Mit kleinem Gegenanstieg erreicht man den **Samstenberg**, eine unscheinbare Weidekuppe.

Nach kaum nennenswertem Abstieg behindern ein paar Bäume das Vorwärtskommen. Hier sind die nördlichen Steilabbrüche im Auge zu behalten. Anschließend steigt man leicht rechts des Kammes über einen Weidezaun und bleibt nach einem Aufschwung erneut der Höhe treu. Der folgenden Felspartie weicht man südseitig aus und übersteigt danach einen weiteren Zaun. Nun geht's wieder bequem durch eine kleine Grasmulde bergab, über die Grenze nach Vorarlberg. Rotweiße Markierungspflöcke leiten über Weidehänge zur **Hochleckachalp**.

Zwei Ziehwegkehren und ein mitunter undeutlicher Pfad durch einen Waldstreifen am Hang entlang bringen uns zur Samstenbergalp. Wieder auf bayerischer Seite stoßen wir nach unwesentlichem Gegenanstieg hinter der Doserlochalp auf den bekannten Kurs nach **Balderschwang**.

Siplingerkopf, 1745 m

Anregende Überschreitung mit Rätikonblick

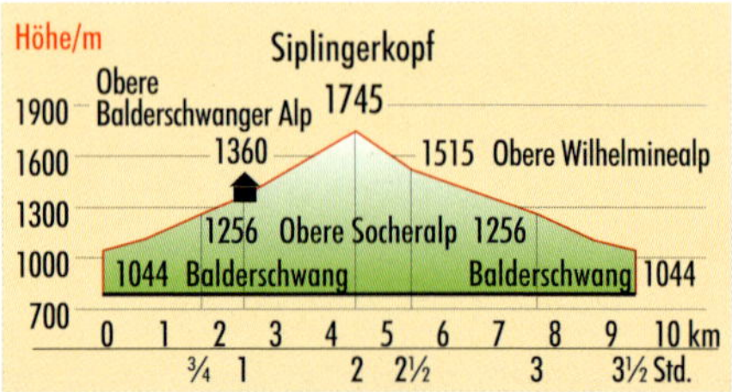

Ausgangspunkt: Balderschwang, Bushaltestelle beim Schullandheim (Parkplatz), 1044 m.
Gehzeit: Obere Balderschwanger Alp 1 Std., Siplingerkopf 1 Std., Abstieg 1½ Std.; gesamt 3½ Std.
Charakter: Der steile, gelegentlich auch felsige und ein wenig ausgesetzte Gipfelübergang mit schmierigen Stellen im Abstieg verlangt Trittsicherheit. Teilweise bezeichnete Alpwege und Steige. Vorsicht bei Nässe! Etwas Orientierungssinn ist vorteilhaft.
Einkehr: Obere Balderschwanger Alp.
Karte: KOMPASS Nr. 3.

Der Siplingerkopf ist die schönste und wegen seiner ostseitig bizarren Nagelfluhformationen die eigenwilligste Erscheinung über dem Balderschwanger Tal.
Vom Schullandheim in **Balderschwang** führt ein Fußgängerweg taleinwärts. Am Ortsende richten wir uns nach dem Schild »Alpe Wilhelmine«. Ein asphaltierter Alpweg führt mit Säntisblick an einer 2000jährigen Eibe vorbei. Hinter dem Talschluss erkennt man Mädelegabel und Trettachspitze.
Wir passieren die Obere Socheralp, wandern zwischen Fichtengruppen hindurch und erreichen über eine Wegschleife die **Obere Balderschwanger Alp**. Im Süden bestechen die markanten Gottesackerwände.
Eine Serpentine steigt jetzt zu einem Absatz, wo der Wegweiser »Siplingerkopf« auf einen unmarkierten Steig zeigt. Rechts eines Bächleins findet man auf

einem Baumstumpf wieder eine Beschilderung. Unter dem Gratkopf vorbei geht es durch lockeren Wald hinauf zum Gipfelan-

Am spannenden Ostabstieg vom Siplingerkopf

satz. Über steile und teilweise luftige, Trittsicherheit erfordernde Geländerippen, auf denen ab und an der nackte Fels zutage tritt, gewinnt man den **Siplingerkopf**, den Höhepunkt des Oberallgäuer Rundwanderwegs. Sogar Verwall und Rätikon bereichern das Panorama.

Der Ostabstieg folgt anfangs einem schmalen Grasrücken. Dann wechselt der spärlich bezeichnete Fernwanderkurs in eine vielgestaltige, mit wenigen Fichten bestockte Schrofenflanke, die abschüssige Passagen mit erdigen Stellen beinhaltet.

Nach einer kaum brauchbaren Drahtseilsicherung gelangt man in den Sattel vor dem Tennenmooskopf. Nächste Station ist die **Obere Wilhelminealp**, die man über Alpweiden auf einem gemütlichen Pfad erreicht.

Im Bereich der Waldgrenze schlendern wir nun auf einem Alpweg hinunter zur asphaltierten Aufstiegsroute, die uns über die Obere Socheralp nach **Balderschwang** bringt.

Scheuenwasserfall, 1240 m

Stiebendes Bergwasser in verschwiegenem Winkel

Ausgangspunkt: Balderschwang, Bushaltestelle beim Schullandheim (Parkplatz), 1044 m.
Gehzeit: Scheuenalp 1¼ Std., Scheuenwasserfall ½ Std., Rückweg 1¾ Std.; gesamt 3½ Std.
Charakter: Leichte Steigungen. Gut bezeichnete Wirtschafts- und Waldwege, zuletzt kurze Abschnitte auf Ziehweg, teilweise undeutlichem Pfad und Steig.

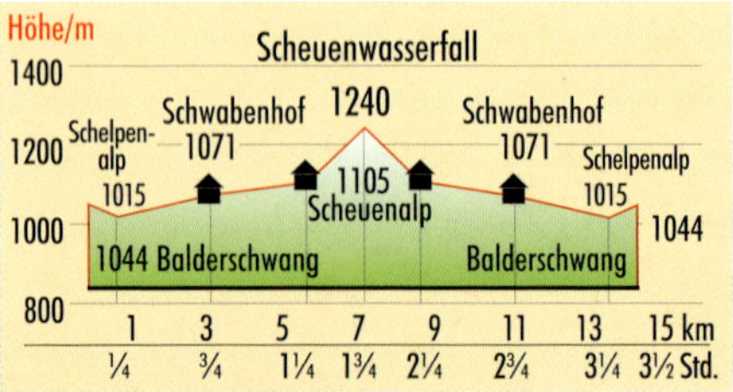

Einkehr: Schwabenhof und Scheuenalp.
Karte: KOMPASS Nr. 3.

Erst mal führt der beschauliche Talausflug vom Schullandheim in **Balderschwang** an der Kirche vorbei und auf dem Bolgenachweg hinunter zum Badeteich. Dort bringt uns die Bolgenachbrücke zur Schelpenalp. Der Wegweiser »Scheuenalpe« lenkt auf einen erholsamen Wirtschaftsweg. Mit einem Uferwechsel folgt die Route stets dem bewaldeten Bach.
Bei der Querung des einmündenden Stubenbachs wird der Blick zum Siplingerkopf frei. An einem im Winter geöffneten Imbiss-Stadel überschreiten wir den

Im »Bayerischen Sibirien«

Die wenigsten Wanderer, die heute so selbstverständlich von Fischen über den einst mautpflichtigen Riedbergpass fahren, können sich wohl vorstellen, dass Balderschwang bis 1961 aus dem Allgäu nur über das Nachbarland Vorarlberg erreichbar war. Strenge Winter hatten das »Bayerische Sibirien«, wie die noch weitgehend unverfälschte Touristengemeinde im Balderschwanger Tal wegen seiner schneesicheren Lage auch genannt wird, früher völlig von der Außenwelt abgeschnitten. An extremen Tagen konnte nicht mal der Post-Pferdeschlitten die aufgetürmten Schneeberge überwinden. Benachbarte Häuser waren dann nur mittels mühsam gegrabener Tunnel zugänglich. So ist die späte, erst gegen Mitte des 18. Jh. erfolgte Besiedlung des bis dahin als Alpgebiet genutzten Tales gut zu verstehen. Ein altes Sprichwort besagt: In Balderschwang ist es ein Dreivierteljahr Winter und ein Vierteljahr kalt.

herbeiströmenden Rauhbach und bleiben am **Schwabenhof** vorbei weiterhin dem Bolgenachweg treu. Auf einem Waldweg setzt man den Genießerkurs mit einladenen Rastplätzen fort.

Wo man auf einen geteerten Forstweg stößt, legt sich noch einmal die Bolgenach quer. Nach der Scheuenbachbrücke ist die **Scheuenalp** erreicht.

An der anschließenden Gabelung dirigiert uns das Täfelchen »Zum Wasserfall« auf einen über ein Weidegebiet ansteigenden Ziehweg, zur Linken das Beslermassiv. Bei einer Wegkuppe weist das Wasserfallschild auf einen teilweise schwach ausgeprägten Pfad am Waldrand bergauf.

Als spannendes Finale ist unter dem breiten Felsriegel der Gauchenwände dann noch ein kurzer Steigabstieg zum **Scheuenwasserfall** fällig, der seinen Schleier über mächtig beeindruckende Wandabstürze wirft. Zerschmetterte Felsblöcke versammeln sich im Schlund dieses köstlich verschwiegenen Winkels, von dem man nicht so schnell wieder loskommt.

Schmucke Hausfassade in Balderschwang.

Weidach-Naturpark

Auf dem Waldlehrpfad nach Rubi

Ausgangspunkt: Fischen, Bahnhof (Parkplatz), 761 m.
Gehzeit: Rubi 1¼ Std., Rückweg ¾ Std.; gesamt 2 Std.
Charakter: Keine Steigungen. Meist gut beschilderte Wander- und Wirtschaftswege.
Einkehr: In Rubi.

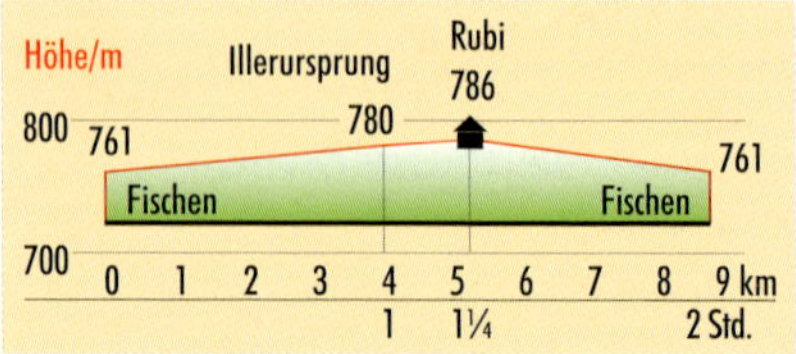

Karte: KOMPASS Nr. 3.

An heißen Sommertagen bietet der Waldlehrpfad durch den Weidach-Naturpark, an der Iller zwischen Fischen und Oberstdorf, einen erfrischenden Zeitvertreib, bei dem man so ganz nebenbei auch noch etwas für die Bildung in Sachen Natur tun kann.

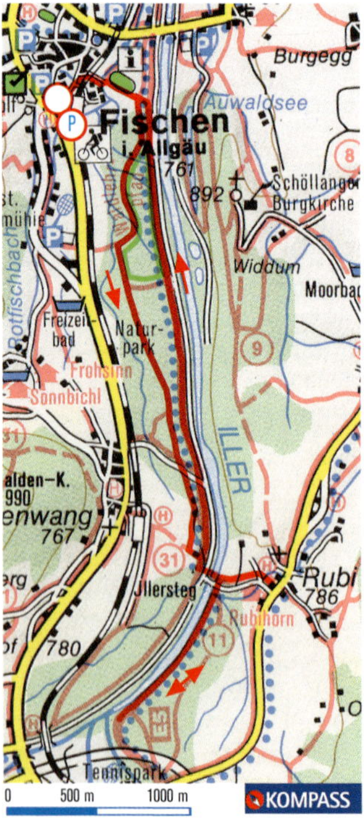

Ist man zu früh zurück, lässt sich am Fischener Ostufer locker noch der schlanke Auwaldsee mit seinem Klima-Pavillon umrunden oder man kann zusätzlich die Schöllanger Burgkirche mit ins Programm aufnehmen.
Wir spazieren vom Bahnhof in **Fischen** über den Bahnübergang und nehmen beim Jagdhof den Fußgängerweg über die Grundbachbrücke zum sehenswerten Kräuter- und Kneippgarten. Gegenüber am Minigolfplatz beginnt der Waldlehrpfad. Auf dem breiten Wanderweg durch den Weidach-Naturpark erfährt man so manches über den Wald und seine Bewohner.
An einer beschilderten Kreuzung hält man sich Richtung Langenwang und bummelt an der nächsten Kreuzung geradeaus. Zahl-

Illerufer unter der Schöllanger Burgkirche.

reiche Informations-Tafeln begleiten uns durch den beruhigenden, flachen Mischwald bis zum Illersteg kurz vor Rubi. Ein kleiner Abstecher entführt zum **Illerursprung**.
Die drei Quellwasser Breitach, Stillach und Trettach vereinigen sich hier zum großen Allgäuer Fluss.
Das entspannende Plätzchen lädt zum Verweilen. Wieder auf der Hauptroute queren wir zweimal den Gaisalpbach und schlendern dann hinein in den Oberstdorfer Ortsteil **Rubi**. Am Fuß des schroff fast 1200 m über dem behaglichen Dörfchen aufragenden Rubihorns kommt uns eine Einkehr gerade recht.
Einen informativen Einblick gewährt das packend nahe Oberstdorfer Gipfelreich. Wenn sich da keine Sehnsüchte rühren.
Wir begeben uns auf dem bekannten Weg erneut zum Fluss, wechseln das Ufer und setzen den Vergnügungskurs auf dem Wirtschaftsweg am bewaldeten, jenseits mitunter felsbewehrten Ufer nordwärts fort.
Nach dem Waldschopf mit der Schöllanger Burgkirche – dahinter zeigt sich der Entschenkopf – geht es auf einem Spazierweg gemütlich und in Kürze zurück nach **Fischen**.

Judenkirche, 1080 m

Rund um den Ochsenberg

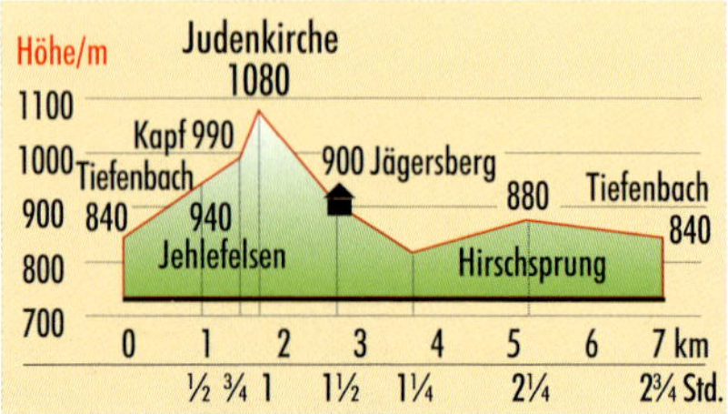

Ausgangspunkt: Tiefenbach (Gemeinde Oberstdorf), Bushaltestelle am Rathaus (Parkplatz), 840 m.
Gehzeit: Judenkirche 1 Std., Hirschsprung 1¼ Std., Rückweg ½ Std.; gesamt 2¾ Std.
Charakter: Einfache Aufstiege. Ausreichend beschilderte Wirtschafts-, Wald- und Wanderwege, Steige und kurze Abschnitte auf Pfadspuren.
Einkehr: In Jägersberg.
Karte: KOMPASS Nr. 3.

Zwischen dem obersten Illertal und der Tiefenbacher Talmulde erhebt sich der durch leuchtende Schrattenkalkpartien auffallende Ochsenkopf. Während seiner Umrundung wird der krasse Gegensatz zwischen den weich geformten Flyschbergen und dem schroffen Gipfelreich des Helvetikums recht augenscheinlich.

Nach kurzem Talkurs beim Rathaus in **Tiefenbach** wählen wir das Sträßchen Richtung Sulzberg. An der Kirche das Schild »Kapf« beachtend, schwingen sich wenige Wanderwegschleifen empor zum Mischwald am Ochsenberg mit der winzigen Höhle im **Jehlefelsen**. Hier befand sich in der Mittelsteinzeit der älteste Allgäuer Wohnplatz. Nun leitet ein Steig an einer langen, lotrechten Felsenflucht vorbei, bevor uns ein kleiner Anstieg zur Privathütte auf dem Geländeabsatz Kapf bringt.

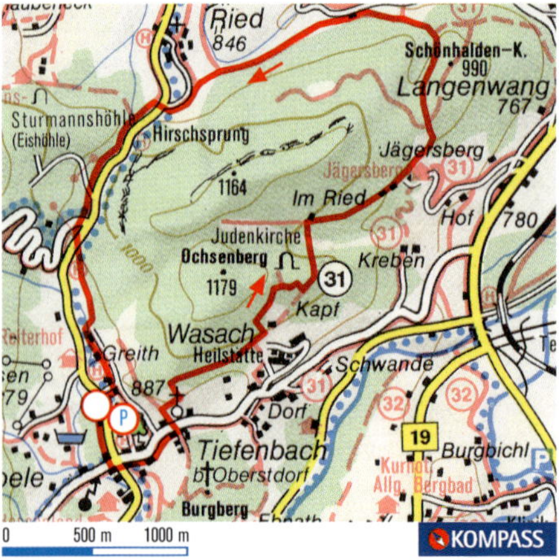

Während einer Ruhepause kann man die Oberstdorfer Prachtgestalten von der Höfats über die Mä-

Schrattenkalkriegel in der Tiefenbacher Talmulde.

delegabelgruppe bis zum Biberkopf bewundern.
Zum Natur-Felsentor **Judenkirche** sind nochmals ein paar Höhenmeter zu überwinden.
Auf dem Abstieg halten wir uns an einer Gabelung an die Jägersberger Route. Mittels einer kurzen Pfadspur queren wir zwei Wiesenflecken und folgen ab den oberen Anwesen von **Jägersberg** einem Wirtschaftsweg zum gleichnamigen Café.
Dort führt ein unbedeutender Gegenanstieg in den Sattel am Schönhaldenkopf. Der Wegweiser »Langenwang« dirigiert uns daraufhin bergab über die Lichtung des Ochsentals.
Auf dem nach Obermaiselstein abzweigenden Waldsteig ist eine abschüssige Passage kurioserweise mit einem Gartenschlauch gesichert.
An einer Verzweigung beachtet man den Wegzeiger zum Hirschsprung und passiert im Talboden auf einer längeren Wiesenspur ein Feuchtbiotop und eine Einöde.
Auf einem Waldweg wandert man über Viehweiden sanft bergan zu der einst von der Ur-Breitach geschaffenen Felsengestalt namens **Hirschsprung** nahe der Sturmannshöhle.
Ein Fußgängerweg und zuletzt ein Wanderweg leiten durch das vormals mit dem Tiefenbacher See gefüllte Tälchen nach **Tiefenbach**.

Gaisalphorn, 1953 m

Mini-Via-Ferrata über dem obersten Allgäudorf

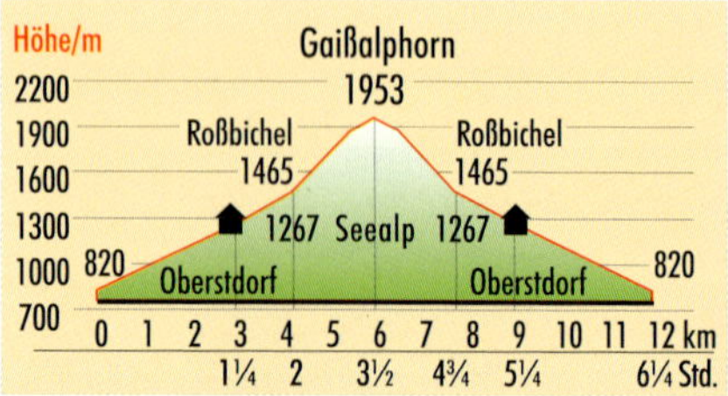

Ausgangspunkt: Oberstdorf, Bushaltestelle an der Nebelhornbahn (Parkplatz), 820 m. **Gehzeit:** Seealp 1¼ Std.; gaisalphorn 2¼ Std., Abstieg 2¾ Std.; gesamt 6¼ Std. **Charakter:** Sehr langer Steilaufstieg. Der kurze, Trittsicherheit und Schwindelfreiheit verlangende Klettersteig (I) bleibt geübten Bergwanderern vorbehalten, die sich im unmarkierten Schrofengelände wohl fühlen. Meist bezeichnete Steige. Kondition erforderlich, nur bei sicherer Wetterlage!
Einkehr: Seealp.
Karte: KOMPASS Nr. 3.

Der Aufstieg zum anspruchsvolleren Nachbar des Rubihorns startet in **Oberstdorf** an der Nebelhornbahn. Wir folgen dem Sträßchen durchs Stationsgebäude und schwenken rechts in eine Querstraße ein. Der Wegweiser »Cafe Breitenberg« leitet hinauf zu den Sprungschanzen. Am Faltenbach beginnt ein Alpsträßchen. Wenig später zweigen wir auf den Steig in den Faltenbachtobel ab. Gleich am Eingang begrüßt uns auf dem Geologischen Lehr- und Wanderpfad ein Wasserfall. Weitere Fälle folgen bei kleinen Steilstufen, die auf Eisenleitern und Treppen überwunden werden. Nach dem Kreuzen des Alpsträßchens wandert man auf einem kurzen Ziehweg zu der Nebelhornbahn-Mittelstation **Seealp** im gleichnamigen Hochtal.

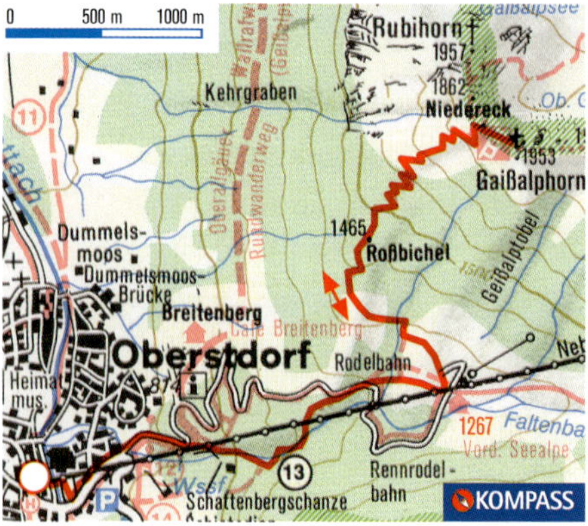

Das Schild »Rubihorn« zeigt auf einen Weideböden querenden Steig. Im anfangs lichten Fichtenwald zieht die Route an einer Jagdhütte vorbei wieder spürbar an. Vom

Hochvogel und Schneck vom Gaisalphorn.

Weideabsatz **Roßbichel** genießt man einen Traum-Tiefblick aufs Oberstdorfer Talbecken und eine vortreffliche Hochalpenschau. In anhaltendem Zickzack mühen wir uns nun durch eine Krummholzmulde empor. Im oberen Bereich sind erstmals Trittsicherheit fordernde Schrofenstufen durch Eisentritte und ein Mini-Drahtseil entschärft. Nach einem weiteren Drahtseil und leichter Kletterei ist beim Niedereck nahe des Rubihorns die Kammhöhe erreicht.

Ein zu Beginn kaum steigender Steig folgt nun rechts, mitunter durch Latschen etwas beengend, dem geräumigen Grat. Eine kleine luftige Passage verlangt Schwindelfreiheit und große Aufmerksamkeit. Anschließend ist ein geknotetes Seilstück hilfreich beim Bezwingen einer senkrechten aber solide gestuften Kletterstelle (I) mit abgespeckten Griffen. Danach leitet ein Drahtseil empor zu einer alten Eisenleiter neben einem abdrängenden Felswulst. Über dem gähnenden Abgrund mit dem Gaisalpsee gewinnt man zuletzt problemlos das **Gaisalphorn**.

Anregender Gaisalphorn-Westgrat.

Laufbacher Eck, 2179 m

Höhenweg der Extraklasse

Ausgangspunkt: Oberstdorf, Bushaltestelle an der Nebelhornbahn (Parkplatz), 820 m.
Gehzeit: Laufbacher Eck 2 Std., Rückweg 2 Std.; gesamt 4 Std.
Charakter: Kurzer steiler Schlussaufstieg. Gut bezeichneter, abschnittsweise etwas ausgesetzter Pfad mit einer gesicherten Stelle, anfangs Alpweg. Vorsicht bei Nässe!
Karte: KOMPASS Nr. 3.

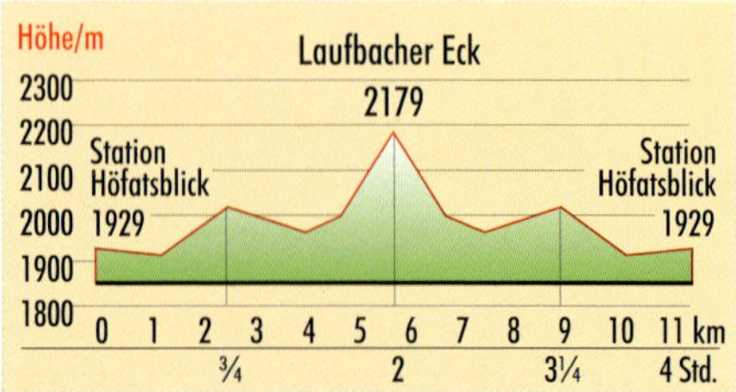

Der Laufbacheckweg in schwindelnder Höhe über dem Oytal zählt gewiss nicht zu den Geheimtipps unter den Oberstdorfer Touren. Doch welcher Höhenweg könnte die mannigfaltigen Charakterzüge der Allgäuer Gipfelwelt anschaulicher vor Augen führen, die Faszination der Hochalpen unwiderstehlicher auf den Präsentierteller zaubern, den Farbenreigen der alpinen Flora betörender offenbaren als diese unvergessliche Panoramaroute?
Selbst Geologie-Banausen dürften hier Lust verspüren, einzutauchen in das große Abenteuer der Erdgeschichte, mehr zu erfahren über das Werden und Vergehen.
Die beiden Sektionen der Nebelhornbahn transportieren uns von Oberstdorf im Nu zur **Station Höfatsblick** mit Berghotel. Beim Edmund-Probst-Haus gleich nebenan lenkt das Schild »Laufbacher Eck« auf den aus dem Seealptal hochkletternden Alpweg.
An der Gabelung bei der nahen Gaisalp entscheidet man sich links für den Geologi-

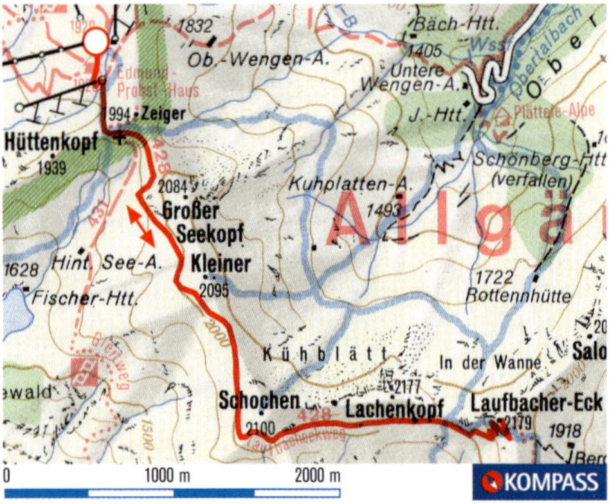

schen Lehr- und Wanderpfad. Der Ziehweg quert einen Quellarm des Faltenbachs und steigt unter dem Miniaturgipfel des Zeigers ein kleinwenig an zu einer schwach ausgeprägten Einsattelung. Dort verlassen wir den ins Oytal führenden Weg und schwenken auf den wieder flachen, abermals zum Laufbacher Eck ausgeschilderten Pfad ab. Graziös besticht direkt vor uns die dreigipflige Höfats.

Man passiert den nächsten Sattel und genießt über die abschüssigen Grasflanken am Großen Seekopf den Tiefblick zum Seealpsee. Zum Schwärmen reißen die Rassegestalten des Allgäuer Hauptkamms hin. Am Kleinen Seekopf entlang steigt der manchmal ein wenig ausgesetzte Höhenweg sanft und folgt danach eine Zeitlang dem Gratverlauf. Ostseitig öffnet sich der Talschluss des Obertalbachs.

Unter den Schrofenabbrüchen des Schochens (Drahtseilsicherung) schlagen wir Kurs Ost ein. Fast 1000 m tiefer, Ameisen gleich, die Wanderer im Oytal. Der elegante Rädlergrat schwingt sich zum Himmelhorn empor, daneben der gnomenhafte Schneck.

Noch am Lachenkopf vorbei in einen weiteren Sattel, dann schließt sich in Kehren der steile Schlussaufstieg an. Vom Laufbacher-Eck-Sattel sind's nur noch wenige Minuten auf den Graskopf **Laufbacher Eck** mit krönendem Hochvogelblick.

Der Kleine Seekopf über dem Laufbacheckweg, rechts die Höfats.

15

Gerstruben, 1155 m

Moorweiher und Hölltobel

Ausgangspunkt: Oberstdorf, Bahnhof (Parkplatz ein Stück dahinter), 814 m.
Gehzeit: Dietersberg 1¼ Std.; Gerstruben ¾ Std., Rückweg 2¼ Std.; gesamt 4¼ Std.
Charakter: Der steile Hölltobelaufstieg verlangt etwas Trittsicherheit. Gut bezeichnete Wander- und Wirtschaftswege, Steige und kurze Anliegersträßchen.

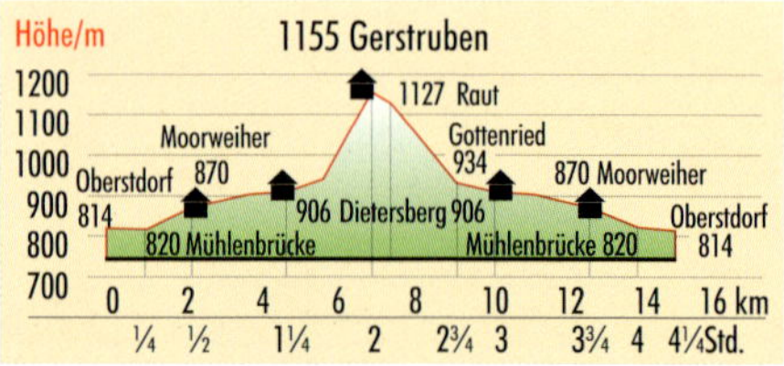

Einkehr: Moorbad, in Dietersberg und Gerstruben.
Karte: KOMPASS Nr. 3.

Wir treffen uns zu dem romantischen Trettachtal-Ausflug am Bahnhof in **Oberstdorf**, spazieren hinein ins Dorf und folgen bei der Raiffeisenbank der Nebelhornstraße zur Nebelhornbahn. An der Mühlenbrücke beginnt ein Wanderweg, der über der Trettach, anfangs teilweise auf Holzstegen, an einem abdrängenden Mischwaldhang leicht zum Moorbad ansteigt. Ein Wäldchen säumt

Im faszinierenden Moorweiher spiegelt sich das Gaisalphorn.

nun den Moorlehrpfad Richtung Christlessee zum idyllischen **Moorweiher**.

Die komfortable Route mündet später in ein Anliegersträßchen. An der Gabelung nach dem Golfplatz zweigt man auf einen Wirtschaftsweg ab und gelangt über die Zwingbrücke nach **Dietersberg** in der Talsenke der Trettach. Dort lenkt am Ortsende das Täfelchen »Fußweg Gasthof Gerstruben« auf einen in Kehren angelegten, steilen und teilweise feuchten Klammsteig. Der ein wenig Trittsicherheit erfordernde Hölltobel begeistert mit schäumenden Wasserfällen und einer äußerst artenreichen Mischwaldflora. Ein paarmal legt sich ein Seitenbach quer.

Auf einem Anliegersträßchen trifft man im kleinen Museumsdorf **Gerstruben** im Dietersbachtal ein.

Nach einer willkommenen Einkehr im Wirtshaus der einstmals größeren Alpsiedlung mit Blick zur rassigen Höfats wählen wir dann den Steig über eine Bergwiese ins Tal hinunter zum Dietersbach, wo uns ein Steg hinüber zum alten Stadel des früheren Anwesens Raut am Fuß der Kegelköpfe trägt. Ein Waldabstieg leitet nun in einer Serpentine weiter hinunter nach **Gottenried**.

Nach der Dietersbachbrücke schließt sich in **Dietersberg** die eindrucksvolle Teilrunde. Der bekannte Weg bringt uns zurück nach **Oberstdorf**.

16

Älpelesattel, 1778 m

Inmitten himmelragender Allgäuer Grasberge

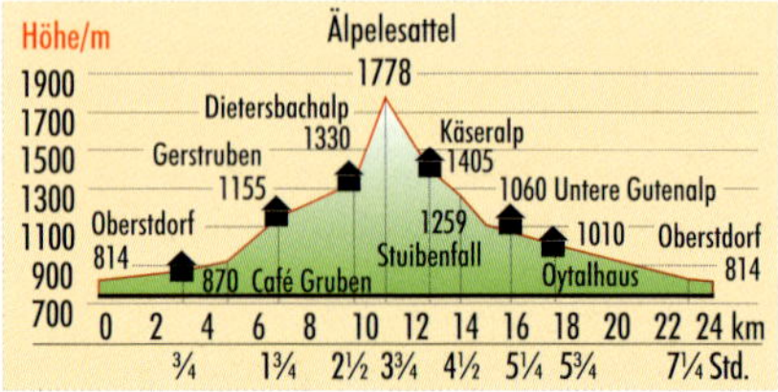

Ausgangspunkt: Oberstdorf, Bahnhof (Parkplatz ein Stück dahinter), 814 m.
Gehzeit: Dietersbachalp 2½ Std., Älpelesattel 1¼ Std., Abstieg 3½ Std.; gesamt 7¼ Std.
Charakter: Langer steiler Schlussaufstieg. Gut bezeichnete Alp- und Wirtschaftswege sowie Steige. Ausdauer erforderlich.
Einkehr: Cafe Gruben, in Gerstruben, Gerstrubner Alp, Dietersbachalp, Käseralp, Untere Gutenalp, Oytalhaus.
Karte: KOMPASS Nr. 3.

Die stramme Dreitälerrunde um die Höfats startet am Bahnhof in **Oberstdorf**. Wir spazieren hinein ins Dorf und folgen bei der Raiffeisenbank der Nebelhornstraße zur Nebelhornbahn.

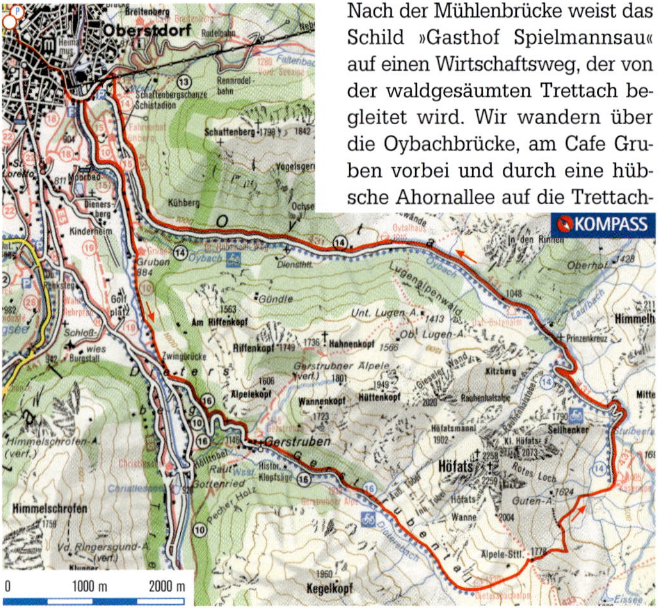

Nach der Mühlenbrücke weist das Schild »Gasthof Spielmannsau« auf einen Wirtschaftsweg, der von der waldgesäumten Trettach begleitet wird. Wir wandern über die Oybachbrücke, am Cafe Gruben vorbei und durch eine hübsche Ahornallee auf die Trettach-

Bei der Käseralp am Fuß der Höfats.

spitze zu. An einer Abzweigung bleiben wir noch der Spielmannsauer Route treu und steigen in **Dietersberg** das Alpsträßchen hinauf zu den unter Denkmalschutz stehenden, ehrwürdigen Gebäuden von **Gerstruben**. Über der Kapelle besticht erstmals der Edelweißberg Höfats, die Königin der Allgäuer Grasberge.

Auf einem schmalen Alpweg nimmt uns nun das berauschende Dietersbachtal auf, auch Gerstrubental genannt. Ab der Gerstrubner Alp halten wir direkt auf das stattliche Steilgras-Duo Rauheck und Kreuzeck zu und kommen zur **Dietersbachalp**, über uns ein tosender Wasserfall. Die nun mitunter durch Strauchwerk kletternden Steigkehren zum **Älpelesattel** erweisen sich als echte Wadenschinderei.

Der Abstieg führt uns, ein paar Bachgräben querend, ebenfalls gelegentlich über Strauchhänge zu den Weidehängen der Oberen Gutenalp. Von der **Käseralp** zu Füßen des Großen und Kleinen Wilden leitet ein Alpweg durch einen Hochkessel auf den kühnen Rädlergrat des Himmelhorns zu. Nach wenigen Kehren gelangen wir unter dem brausenden Stuibenfall rasch ins Oytal, wo uns eine Brücke über den Stuibenbach trägt. Man quert das Schotterbett des Laufbachs und passiert danach die Untere Gutenalp. Über flache Alpweiden strebt man, das Ufer des Oybachs wechselnd, dem **Oytalhaus** zu.

Ab dort führt ein geräumiges Alpsträßchen, zum Schluss oberhalb des Trettachtals, zurück nach **Oberstdorf**.

17

Kratzer, 2424 m

Selten besuchter Nachbar der Mädelegabel

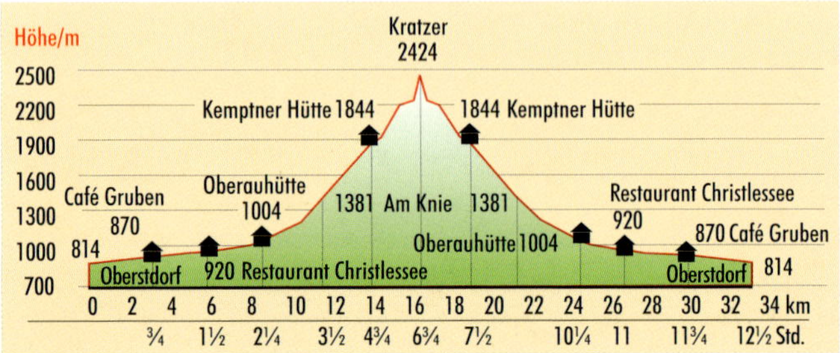

Ausgangspunkt: Oberstdorf, Bahnhof (Parkplatz ein Stück dahinter), 814 m.
Gehzeit: Kemptner Hütte 4¾ Std., Kratzer 2 Std., Abstieg 5¾ Std.; gesamt 12½ Std.
Charakter: Der mitunter steile, ausgesetzte und gesicherte Sperrbachtobel verlangt Trittsicherheit und bei Nässe erhöhte Vorsicht, der Gipfel mit leichter Kletterei (I) in solidem Fels zudem Schwindelfreiheit und Erfahrung im weglosen Steilgelände. Meist bezeichnete Wirtschaftswege und Steige. Kondition und zuverlässiges Wetter erforderlich, Rad bis zum Talschluss oder Übernachtung empfehlenswert, Grenzübertritt.
Einkehr: Cafe Gruben, in Dietersberg, Restaurant und Waldhotel Christlessee, in Spielmannsau, Oberauhütte, Kemptner Hütte.
Karte: KOMPASS Nr. 3.

Die »Marathon-Gipfeltour« beginnt am Bahnhof in **Oberstdorf**. Wir folgen bei der Raiffeisenbank der Nebelhornstraße zur Nebelhornbahn. Direkt vor der Mühlenbrücke entschwindet der Spazierweg Richtung Spielmannsau ins bewaldete Trettachtal.

Am Cafe Jägerstand überschreiten wir den Fluss und kommen kurz nach der Oybachbrücke auf einem Wirtschaftsweg zum Cafe Gruben. Durch ein Wiesental mit Ahorn-

Kratzer von der Spielmannsau.

allee geht's nach **Dietersberg**. In Gottenried quert man Dietersbach und Trettach und trifft wenig später beim **Restaurant Christlessee** ein.
Zur **Spielmannsau** kreuzen wir nochmals die Trettach sowie den Traufbach. Nach der Oberauhütte zweigt der mitunter felsige Steig zur Kemptner Hütte ab, der zwischen Riesenflanken erst durch lockeren Mischwald leicht steigt. Buschwerk säumt den urigen Sperrbachtobel, dessen Seite wir auf einem Eisensteg wechseln. Vom Steilaufschwung zum Marterl »Am Knie« zu einer weiteren Bachquerung mittels eines Alustegs lässt sich's auf dem später ab und an ausgesetzten und versicherten Kurs durch den von Lawinenresten gefüllten Felsentobel kurz aufatmen. Durch einen Alpkessel wandern wir zur **Kemptner Hütte**.
Das Schild »Heilbronner Weg« weist an zwei Verzweigungen über schrofige Hänge hinauf zur Tiroler Grenze. Um den Kratzer erwartet uns karstigeres Gelände. Wo der Steig die Südseite des Berges berührt, leiten Trittspuren gerade über teilweise geröllbedeckte, sehr steile Rasenhänge empor. Zur Scharte am Fuß des Westgipfels werden zwei Schrofenzacken durch eine etwas unangenehme Schuttrinne links mit Umsicht umgangen.
Das abschließende Gratstück zum **Kratzer** bietet noch ausgesetzte, leichte Kletterei (I) in solide gestuftem Fels.

Hochleite und Freibergsee

Mit Hilfe der Söllereck-Gondel vom Berg ins Tal

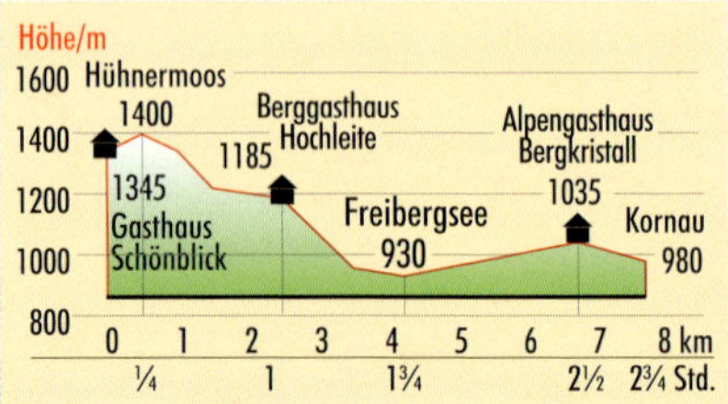

Ausgangspunkt: Oberstdorf/Kornau, Bushaltestelle (Parkplatz) bei der Söllereckbahn, an der B 19 ins Kleinwalsertal, 980 m.
Gehzeit: Freibergsee 1¾ Std., Rückweg 1 Std.; gesamt 2¾ Std.
Charakter: Unbedeutende Anstiege, mitunter steiler Abstieg zur Alp Huberles Schwand. Teilweise bezeichnete Pfade und Steige sowie Wander-, Alp- und Fahrwege.
Einkehr: Gasthaus Schönblick, Berghaus am Söller, Berggasthaus Hochleite, Strand-Cafe, Alpengasthaus Bergkristall.
Karte: KOMPASS Nr. 3.

Rasch gelangt man von der Bushaltestelle bei der Söllereckbahn im Ortsteil **Kornau** hinauf zur Talstation. Die Gondel bringt einen zum **Gasthaus Schönblick**, dem Startpunkt der kurzweiligen Wanderung.
Richtung Freibergsee geht es auf einem Spazierweg leicht steigend zum nahen Berghaus Am Söller und weiter auf einem Waldwanderweg. Ein langer Holzsteg trägt uns trockenen Fußes über eine Feuchtwiese, zumindest bis zum nächsten Wegweiser. Dort quert links ein unbezeichneter Pfad vollends das Hühnermoos. Im Zickzack einen zunehmend steileren Waldhang bergab steigend ist darauf zu achten, dass man den mitunter undeutlichen Steig nicht verliert. Wer gepflegte Wege vorzieht, wählt besser den beschilderten Kurs über Schwand.

An der Alp **Huberles Schwand**, auch Ottos Hütte genannt, liegen plötzlich drei parallele Oberstdorfer Bergketten vor uns mit Nebelhorn, Schneck und Höfats. Von der bescheidenen Bergweide leitet ein flacher Ziehweg durch ein Waldstück und unter dem Felsriegel des Schartenkopfs vorbei zu einem weiteren kleinen Weidegebiet mit einer Privathütte. An der folgenden Einmündung in einen Alpweg weist das Schild bergab zum **Berggasthaus Hochleite**.

Auf dem erneut zum Freibergsee beschilderten Pfad queren wir nochmals mittels eines Holzstegs eine Feuchtwiese. Dann schimmert, während wir in Windungen teilweise über Holzstufen durch den schönen Bergwald talwärts spazieren, bereits das ersehnte Badegewässer durchs Geäst. Zuletzt erreichen wir auf einem Fahrweg das Strand-Cafe am malerischen **Freibergsee**. Wir gehen ein kurzes Stück zurück, bis der Edmund-Probst-Weg Richtung Söllereckbahn abzweigt. Der mit vielen ausführlichen Tafeln als Naturlehrpfad angelegte, anfangs flache, später leicht steigende Wanderweg leitet an einem Felsaufschluss vorbei und kreuzt mehrere kleine Bachtobel und Lichtungen. Bald nach dem Naturfreunde-Ferienheim Freibergsee taucht das **Alpengasthaus Bergkristall** auf. Auf einem Anliegersträßchen ist es jetzt nicht mehr weit zur Söllereckbahn in **Kornau**.

Bei Spaziergängern, Wanderern und Badegästen gleichermaßen beliebt: der waldumschlossene Freibergsee über dem Stillachtal.

19

Kanzelwandhaus, 1520 m

Aussichtsreiche Einkehr unter dem Fellhornkamm

Ausgangspunkt: Oberstdorf/Faistenoy, Bushaltestelle bei der Fellhornbahn (Parkplatz), 904 m. **Gehzeit:** Kanzelwandhaus 1¾ Std., Abstieg 1¼ Std.; gesamt 3 Std. **Charakter:** Kurzzeitig spürbarer Aufstieg. Gut beschilderte Steige und geteerte Alpwege, anfangs Pfad.
Einkehr: Kanzelwandhaus.

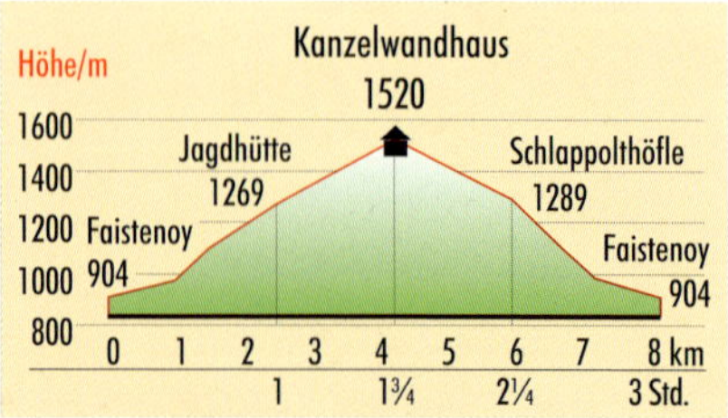

Karte: KOMPASS Nr. 3.

Talort des unbeschwerten Warmatsgund-Ausflugs ist **Faistenoy**. Hinter der Fellhornbahn lenkt der Wegweiser »Kanzelwandhaus« auf einen gemütlichen Mischwaldpfad. Dieser wird bald für eine Weile von einem schweißtreibenden, gelegentlich mit Holzstufen befestigten Zickzacksteig abgelöst. Zwischendurch spitzelt das Oberstdorfer Parade-Felskleeblatt Trettachspitze, Mädelegabel und Hochfrottspitze durchs Astwerk. Unter uns macht ein über Wildbachverbauungen rauschender Sturzbachbach auf sich aufmerksam.
Wo wir auf den zum Schlappolthöfle führenden Alpweg stoßen, halten wir uns Richtung Fiderepasshütte. Die Route steigt danach in angenehmerer Manier und kreuzt nach einem Bachsteg im äußeren Warmatsgund ein paar kleinere Wasserläufe.
Ein Stück nach einer Forsthütte quert man einen Alpweg und schlendert durch zunehmend aufgelockerte Waldbestände zum **Kanzelwandhaus**.
Daneben steht die Möseralp. An dem zur atomwaffenfreien Zone erklärten Naturfreunde-Ferienheim, das auch dem Bergwanderer für eine Stärkung offensteht, überrascht eine prachtvolle Gipfelschau: rechts die wild gezackten Hammerspitzen, links Gundköpfe und Schafalpenköpfe, jenseits der Stillach die graziösen Spitzen der Höfats und der Große Krottenkopf.

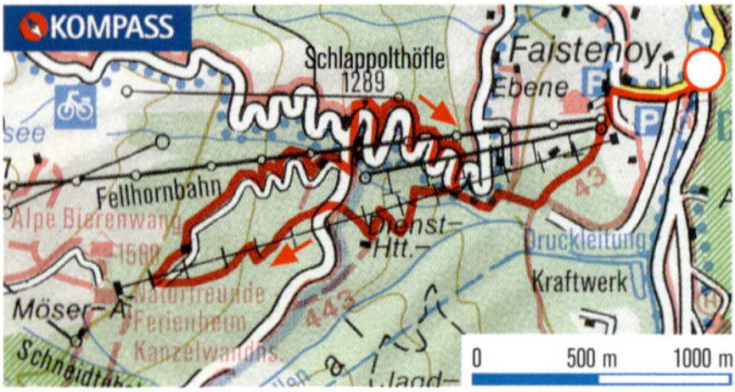

Als unverkennbares Wahrzeichen des hintersten Stillachtals begeistert das Felskleeblatt Trettachspitze, Mädelegabel und Hochfrottspitze.

Für den Abstieg über licht bewaldete Weidehänge wählen wir den geteerten Alpweg. Dabei prägen sich immer wieder die schönsten Landschaftsbilder ein. Nach Querung des bereits vom Aufstieg bekannten Sturzbachs geht's unter der Fellhornbahn hindurch zum **Schlappolthöfle**. Das Schild »Fellhornbahn-Talstation« dirigiert uns nach zahlreichen Haarnadelkurven wieder auf den morgendlichen Steig, der hinunter nach **Faistenoy** leitet.

Der Warmatsgund einst und heute

Das Kanzelwandhaus in einer der bedeutendsten und modernsten Skiregionen des Allgäus war früher von abgeschiedenen Hochweiden umgeben und gehörte ursprünglich der Sonthofner Ordensburg. Diese ließ hier im Warmatsgund, der schon seit dem Mittelalter als Weidegebiet bekannt ist, kurz vor dem Zweiten Weltkrieg auch noch andere Gebäude errichten wie die Fiderepasshütte und die Jagdhütte bei der Höflealp. Das wildreiche Hochtal hatte ab dem ausgehenden 19. Jh. dem Prinzregenten Luitpold als wichtiges Jagdrevier gedient. Heute wird im Warmatsgund sogar ein Kraftwerk betrieben. Von den einstmals vier Alpen ist abgesehen vom »Umzug« der alten Höflealp ins Freilichtmuseum nur noch das Schlappolthöfle übrig geblieben. Die Kühgundalpen und Wankalpen sind längst Lawinen zum Opfer gefallen.

Vom Fellhorn, 2038 m, zur Hammerspitze, 2252 m

Luftiger Gang zwischen Bayern und Vorarlberg

Ausgangspunkt: Oberstdorf/Faistenoy, Bushaltestelle bei der Fellhornbahn (Parkplatz), 904 m. **Gehzeit:** Schüsser 2¼ Std., Nordwestliche Hammerspitze ½ Std., Rückweg 2¼ Std.; gesamt 5 Std.
Charakter: Kurze Steilstücke. Für ausgesetzte Passagen ab der Kanzelwand Trittsicherheit erforderlich, an der Hammerspitze leichte Kletterstellen (I) in zuverlässigem Fels. Meist unmarkierte Steige, anfangs Wanderwege. Vorsicht bei Nässe!

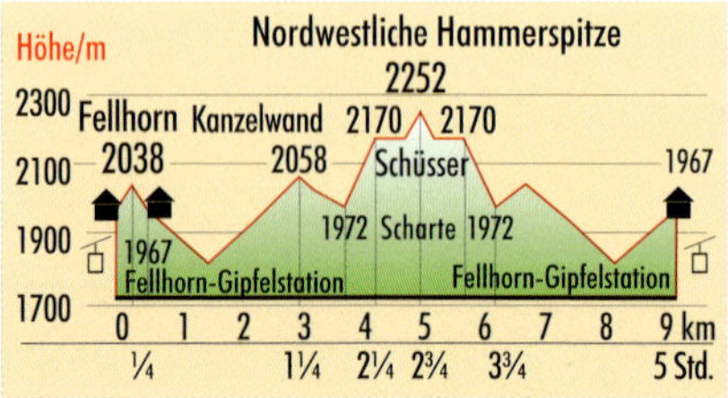

Einkehr: Fellhorn-Gipfelstation, Bergstation Kanzelwandbahn (kleiner Abstecher).
Karte: KOMPASS Nr. 3.

In Faistenoy nehmen wir die Fellhornbahn zur **Gipfelstation**, wo sich über eine Treppe das **Fellhorn** besuchen lässt. Der Grasberg zeigt den Verlauf der Viergipfeltour. Über der Kanzelwand (auch Warmatsgundkopf) grüßt der Schüsser. Ein Kuriosum nebenbei: Ausgerechnet dieser dritte Gipfel heißt bei den Vorarlbergern Hammerspitze, während der nächste Geselle für die Bayern die Nordwestliche Hammerspitze ist, jedoch im Kleinwalsertal den Namen Hochgehrenspitze trägt. Der letzte im Bunde, die schwierige Südöstliche Hammerspitze wiederum, heißt in Österreich zur restlichen Verwirrung Schüsser. Zurück an der Station schlendern wir auf einem Promenadeweg über einen Weiderücken zum

Der etwas knifflige Übergang vom Schüsser zur Nordwestlichen Hammerspitze verlangt Erfahrung in brüchigem Schrofengelände.

Gundsattel und in drei Kehren mäßig bergan zum Sattel bei der Bergstation Kanzelwandbahn.
Dort weist das Schild »Kanzelwand-Gipfel« auf einen breiten Steig, der zu einer winzigen Einschartung führt. In wenigen Minuten leitet der geröllbedeckte Gipfelhang empor zur **Kanzelwand**. Wieder an der Einschartung folgt nach geringem Ostabstieg in eine deutlichere Scharte ein kurzer unmarkierter Gegenanstieg.
Von einer kleinen Zwischenhöhe wandert man über einen Latschenrücken zu einer weiteren Scharte. Dann setzt der meist nicht sonderlich steile, aber etwas luftige Schrofengrat zum Traumaussichtsberg **Schüsser** an.
Das zurecht angebrachte Täfelchen »Nur für Geübte« lenkt über einen Minirücken zu einem Sattel. Dem spärlich begrünten Kamm treu bleibend geht's erst gemächlich bergauf. Der Schrofenkopf bei einem Gedenkkreuz regt mit einer leichten und ein wenig ausgesetzten Kletterstelle (I) in gut gestuftem Fels an. Über den folgenden Schutthang genießt man die schönsten Tiefblicke in den Warmatsgund.
Der Gipfelgrat auf die **Nordwestliche Hammerspitze** wird etwas rechts in brüchigem Schrofengelände behutsam umgangen und wartet zum Schluss mit einer kurzen griffigen Rinne (I) auf.

Fiderepasshütte, 2067 m

Durch den Warmatsgund in die Schafalpen

Ausgangspunkt: Oberstdorf/Faistenoy, Bushaltestelle bei der Fellhornbahn (Parkplatz), 904 m.
Gehzeit: Fiderepasshütte 3¼ Std., Abstieg 2¾ Std.; gesamt 6 Std.
Charakter: Kurze steile Aufstiege. Meist bezeichnete Steige und Alpwege, anfangs Pfad.
Einkehr: Fiderepasshütte.

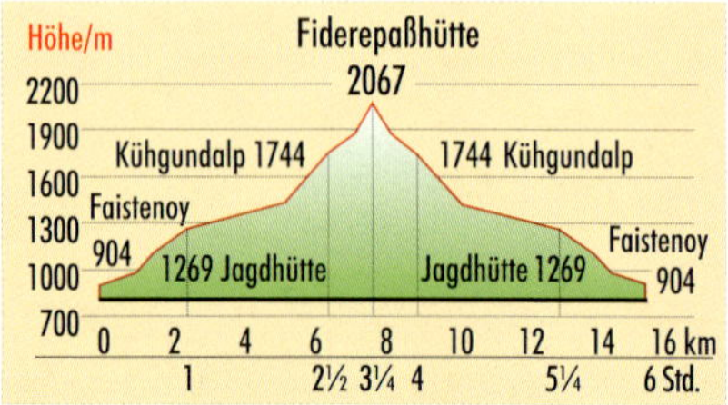

Karte: KOMPASS Nr. 3.

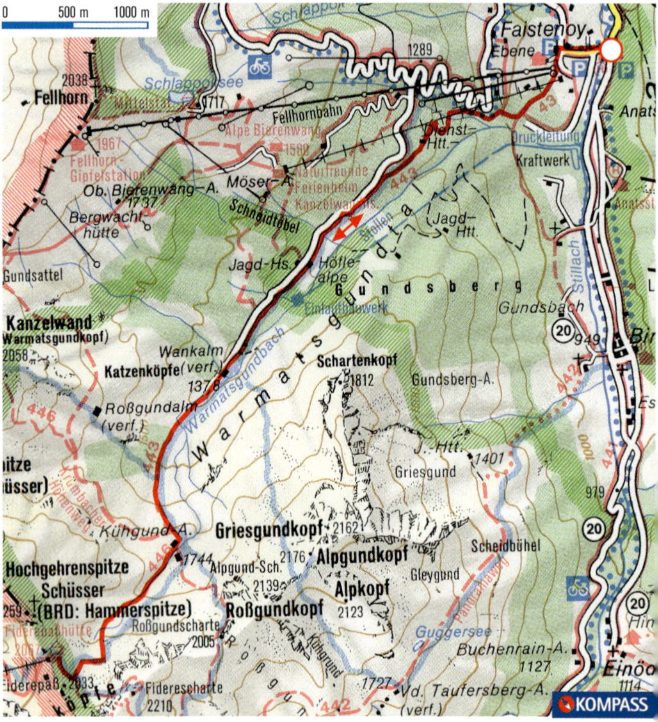

In atemberaubender Nähe begeistert auf der Fiderepasshütte die Formenvielfalt der Walsertaler Berge und Schafalpen. Mit ein wenig Glück kann man Begeher des Mindelheimer Klettersteigs beim Überschreiten der Leiter beobachten. Fesselndes Schaustück direkt über dem Alpenvereins-Stützpunkt ist der rassige Zackengrat der Südöstlichen Hammerspitze. Hinter der Fellhornbahn in **Faistenoy** lenkt der Wegweiser »Fiderepasshütte« auf einen gemütlichen Mischwaldpfad. Dieser wird bald für eine Weile von einem gelegentlich mit Holzstufen befestigten, schweißtreibenden Zickzacksteig abgelöst.

Ab und an spitzeln Trettachspitze, Mädelegabel und Hochfrottspitze durchs Astwerk. Nach einem Bachsteg kreuzen wir, wieder in angenehmerer Manier, ein paar kleinere Wasserläufe und kommen zu einer Forsthütte, wo der Aufstieg zur Bierenwangalp abzweigt. Hier folgen wir links dem unmarkierten Pfad, der in einen geteerten, sanft steigenden Alpweg mündet. Auf die Felszinnen der Schafalpenköpfe zuhaltend wandert man hinein in den verschwiegenen Warmatsgund.

Nach einer weiteren Forsthütte, wo die alte, heute im Allgäuer Bergbauernmuseum Diepolz befindliche Höflealp stand, lichtet sich der Wald. Zur Linken bauen sich die kaum jemals besuchten Gundköpfe auf. Hinter einer Bachbrücke endet der Alpweg. Ein Feldweg zieht sich nun durch den

Die Fiderepaßhütte wird von der rassigen Südöstlichen Hammerspitze überragt.

hochromantischen Alpkessel am Fuß der Hammerspitzen. Dann schwingt sich ein Steig über einen Krummholzhang empor, in den im Herbst die zahlreichen Birken ihre golden leuchtenden Tupfer malen.

Von der winzigen auf einer Karschwelle stehenden **Kühgundalp** ist die Fiderepasshütte bereits sichtbar. Unter den schroffen Schafalpenköpfen entschwindet man über die mit Zwergsträuchern bewachsene Buckelböden in den hintersten Kargrund. Am Rand eines Geröllstroms weicht man in ein paar Serpentinen einem Schrofenriegel aus und trifft wenig später bei der **Fiderepasshütte** etwas oberhalb des gleichnamigen Passes ein.

Bockkarkopf, 2608 m

Herzstück des Heilbronner Wegs

Ausgangspunkt: Oberstdorf/Birgsau, Bushaltestelle, 959 m, zu erreichen mit dem Linienbus von Oberstdorf; letzter Parkplatz in Faistenoy.
Gehzeit: Waltenberger Haus 3¼ Std., Bockkarkopf 1¾ Std., Abstieg 4¼ Std.; gesamt 9¼ Std.

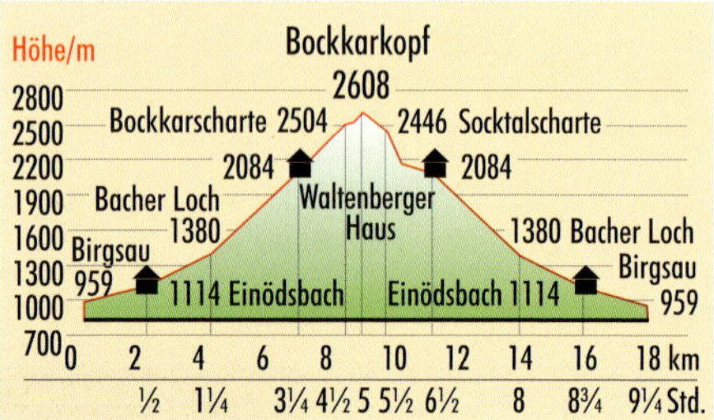

Charakter: Lange steile Auf- und Abstiege. Sowohl der etwas ausgesetzte Hüttenaufstieg wie auch die Steiganlage des Heilbronner Wegs erfordern Trittsicherheit, Schwindelfreiheit und Kondition. Gut bezeichnete Steige, anfangs Fahrweg. Nur für erfahrene Bergwanderer und bei zuverlässigem Wetter, nicht vor Mitte Juli! Übernachtung empfehlenswert.
Einkehr: In Einödsbach, Waltenberger Haus.
Karte: KOMPASS Nr. 3.

Diese hochalpine Unternehmung startet an der Bushaltestelle im Ortsteil **Birgsau**. Die Anliegerstraße im Stillachtal wechselt nach kurzem in einen Fahrweg, der uns durch den Bergwald nach **Einödsbach** bringt. Dort be-

Das hochalpine Reich des Heilbronner Wegs (Steinschartenkopf).

achten wir das Schild »Waltenberger Haus« und wandern auf einem Grassteig über einem Wildbach zum Stall der Bacheralp. In der Talenge des Bacherlochs legen sich unter rutschgefährdeten, schrofendurchsetzten Grasflanken zwei Sturzbäche quer. Bald danach windet sich der spannende Weg durch Buschwerk spürbar bergan. Beim Schneeloch mogelt man sich in einer Schleife über das »Wändle« empor, eine etwas feuchte, aber drahtseilgesicherte Schrofenzone. Nochmals über Grashänge und eine Geröllhalde ansteigend erreicht man das auf einem begrünten Sporn stehende **Waltenberger Haus**.

Unmittelbarer Blickfang ist neben unserem aus dem Vorderen Bockkar empor wachsenden, wuchtigen Gipfelziel über dem Schneeloch der höchste Allgäuer Grasberg, der Linkerskopf. Der kraftraubende Geröllsteig durch das abschließend knackig steile und drahtseilgesicherte, schrofige Kar leitet in die **Bockkarscharte**. Die Steiganlage des Heilbronner Wegs quert nun mit Blick in die Lechtaler Alpen unter Felsüberhängen zur Westlichen Bockkarscharte und erklimmt darauf in gesichertem Zickzack über einen Schrofengrat den **Bockkarkopf**.

Nach dem ein wenig luftigen Gang in die **Socktalscharte** verlassen wir die Allgäuer Haute Route. Es erfolgt auf einem teilweise unangenehm abschüssigen Steig der zu Beginn steile Geröllabstieg durch das Hintere Bockkar.

Ein kleines Flachstück, dann wendet man sich um einen grasigen Gratausläufer herum und quert mitunter auf erdigen, zum Teil ausgesetzten und versicherten Passagen unter finsteren Wandabbrüchen achtsam hinüber zum **Waltenberger Haus**. Dort nimmt man den bekannten Weg nach **Birgsau** auf.

23

Rappenseekopf, 2467 m, und Hochrappenkopf, 2423 m

Gipfelüberschreitung für gehobene Ansprüche

Ausgangspunkt: Oberstdorf/ Birgsau, Bushaltestelle, 959 m, zu erreichen mit dem Linienbus von Oberstdorf; letzter Parkplatz in Faistenoy.
Gehzeit: Rappenseehütte 3½ Std., Hochrappenkopf 2 Std., Abstieg 4½ Std.; gesamt 10 Std.

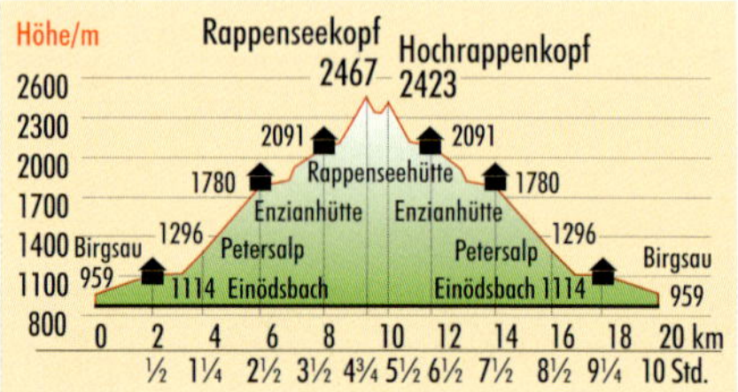

Charakter: Längere steile Aufstiege. Die Trittsicherheit und leichte, stellenweise brüchige Kletterei (I) fordernde Überschreitung des Rappenseekopfs verlangt Ausdauer und Erfahrung. Gut bezeichnete Pfade und Steige, anfangs Fahrweg. Übernachtung empfehlenswert.
Einkehr: In Einödsbach, Enzianhütte und Rappenseehütte.
Karte: KOMPASS Nr. 3.

Unsere knackige Zweigipfeltour im westlichen Allgäuer Hauptkamm beginnt an der Bushaltestelle im Ortsteil **Birgsau**. Die Anliegerstraße im Stillachtal wechselt nach kurzem in einen Fahrweg, der uns durch den Bergwald nach **Einödsbach** bringt. Ein erst noch gemütlicher Waldpfad führt über einen Wildbachsteg und später hinauf zur **Petersalp**. Auf einem Steig überwinden wir einen Erlenhang zu der auf einem Absatz stehenden **Enzianhütte**.

Nach Queren der Linkerskopfflanke steigt die Route erneut an zur Geländestufe am Mußkopf. Bald darauf ist am Rand einer

Vom Aufstieg zur Rappenseehütte schweift der Blick hinüber zu den einsamen Gundköpfen.

noch begrünten Hochmulde die **Rappenseehütte** mit dem Kleinen Rappensee erreicht.
Der kurzzeitig flache Steig Richtung Rappenseekopf schwingt sich – unter uns der Große Rappensee – über die von der Hochgundspitze herunter ziehenden, etwas unangenehmen Block- und Schutthalden empor zu einer Scharte mit Blick zum Hohen Licht. Das an einer Weggabelung angebrachte Schild »Leichter Weg« räumt die anfänglichen Bedenken angesichts der aufsteilenden Schrofenflanke schnell wieder aus. Dennoch weist die bestens gestufte Route ein paar ausgesetzte Passagen auf. Der steile, mitunter brüchige Mittelteil verlangt sogar ein kurzes Handanlegen (I) und einen geübten Blick für zuverlässige Griffe und Tritte. Zuletzt meist dem Grat folgend, ist für eine kleine Steilstufe, die auch rechts leicht umgangen werden kann, ein beherztes Zupacken angesagt.
Vom **Rappenseekopf** gelangt man über bescheidene Schrofenköpfe (I) mit festem Fels und einen Grasrücken in einen Sattel. Der **Hochrappenkopf** bietet uns einen problemlosen Schrofenrücken an. Zurück im Sattel geht's anfangs im Zickzack, später Schutthalden querend zur **Rappenseehütte**, wo man den bekannten Weg nach **Birgsau** aufnimmt.

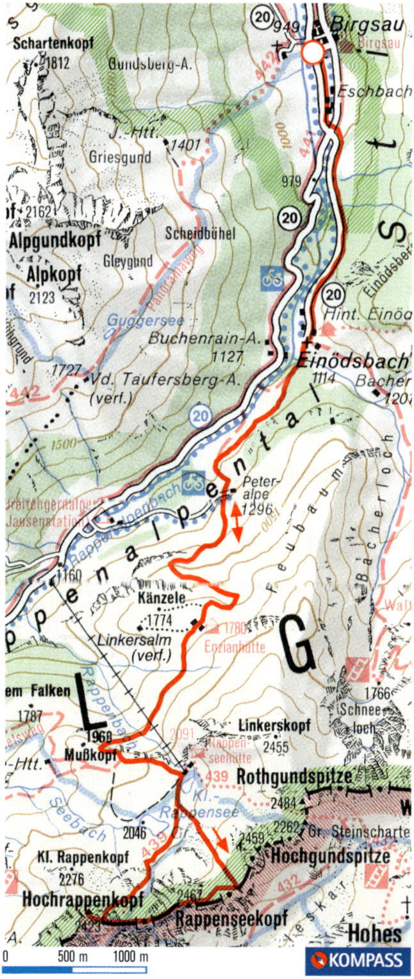

Osterbergalp, 1269 m

Vorarlbergisch-bayerische Promenierrunde

Ausgangspunkt: Riezlern/Außerschwende (Gemeinde Mittelberg, Vorarlberg), Bushaltestelle am Gasthof Bergblick (Parkplatz), 1080 m.
Gehzeit: Osterbergalp 1¼ Std., Rückweg 2 Std.; gesamt 3¼ Std.
Charakter: Leichte Steigungen. Gut beschilderte Güter- und Forstwege, verkehrsfreie Sträßchen und kurzer Pfad. Grenzübertritt.

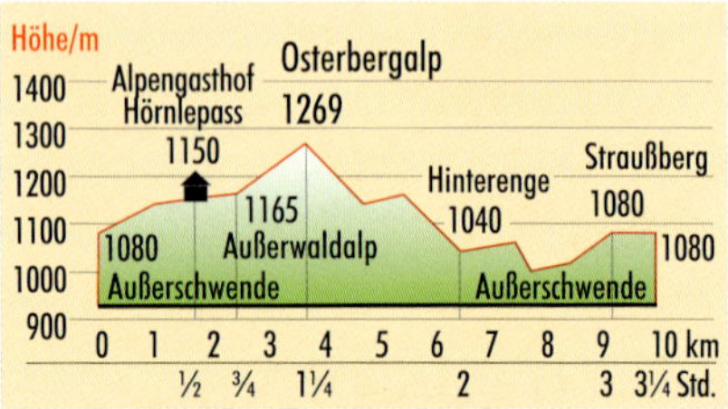

Einkehr: Alpengasthof Hörnlepass.
Karte: KOMPASS Nr. 3.

Die würzig duftenden Bergwiesen und erfrischenden Waldinseln zwischen dem Kleinwalsertal und dem Rohrmoostal warten mit einem komfortablen, länderverbindenden Rundwanderweg auf.

Nach dem Gasthof Bergblick im Ortsteil **Außerschwende** zeigt der Wegweiser »Hörnlepass« auf ein verkehrsfreies Sträßchen. Über meist flache Wiesen schlendern wir vorbei an den Häusern von Au und Gatter und erreichen den Weiler **Klausenwald**. Dabei schweift das Auge vom Fellhornkamm jenseits der Breitachfurche hinaus zum stattlichen Nebelhorn. Weiter geht es, die nahen Kackenköpfe vor der Nase, zum Alpengasthof Hörnlepass.

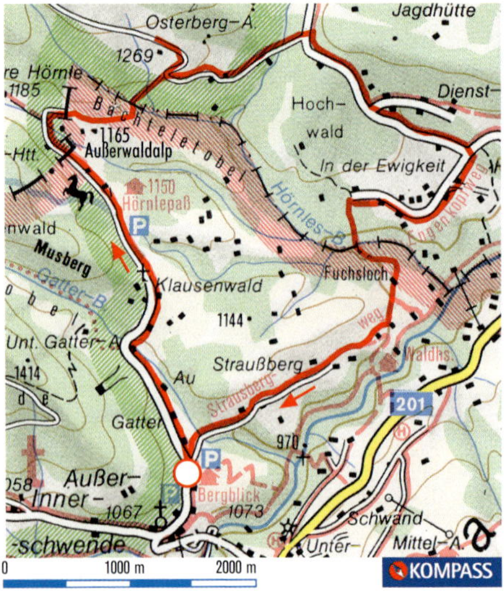

Nun führt ein Güterweg an einer Wildfütterung vorbei in ein Waldtal. Bei den Feuchtwiesen gegenüber des Hörnlesbachs, unter der jäh

Unter den Kackenköpfen steht die unbewirtschaftete Osterbergalp.

abstürzenden Weißen Platte, bleibt man dem mit »Osterberg« beschilderten Fahrweg treu. Nach einem kleinen Besuch in Bayern erwartet einen an der **Außerwaldalp** ein eindrucksvoller Ausblick: Schneck, Hochvogel, Großer Wilder und ganz rechts die Höfats. Wieder talauswärts bummelnd quert man den Bächteletobel. Endgültig auf bayerischer Seite, folgt nun der einzige nennenswerte Anstieg der Runde. In einer Serpentine steigt man über einen Weidehang hinauf zur hübsch gelegenen **Osterbergalp**. Im Talschluss grüßen die hohen Walsertaler Berge.

Auf dem Rückweg halten wir uns nach kurzem Abstieg an der bekannten Gabelung Richtung Tiefenbach und an der Einmündung in einen geteerten, erst flachen Forstweg Richtung Hinterenge. Durch aufgelockerte Waldbestände beginnt der Weg später zu fallen. An einer Gabelung wandern wir geradeaus zur Wegtafel des Oberstdorfer Ortsteils **Hinterenge**, wo wir Kurs Riezlern einschlagen. Über Wiesenböden, genannt »In der Ewigkeit«, geht es taleinwärts auf den massigen Widderstein zu.

Am Teerende weist das Schild »Schwende« auf einen Pfad. Man wandert durch ein Waldstück bergab, quert auf einem Steg den Tobel des Hörnlesbachs und trifft wieder in Vorarlberg ein. Auf einem Fahrweg passiert man mit zwei kleinen Gegenanstiegen die Einzelanwesen von Schmalzloch und gelangt, ab **Straußberg** auf einem Anliegersträßchen, nach **Außerschwende**.

Kuhgehrenspitze, 1913 m

Kleinwalsertaler Schauwarte ersten Ranges

Ausgangspunkt: Riezlern (Gemeinde Mittelberg, Vorarlberg), Bushaltestelle an der Kanzelwandbahn (Parkplatz), 1075 m.
Gehzeit: Kuhgehrenspitze ¾ Std., Abstieg 2¼ Std.; gesamt 3 Std.
Charakter: Kleiner Anstieg. Meist bezeichnete Pfade und Wanderwege, zuletzt ruhiges Sträßchen.

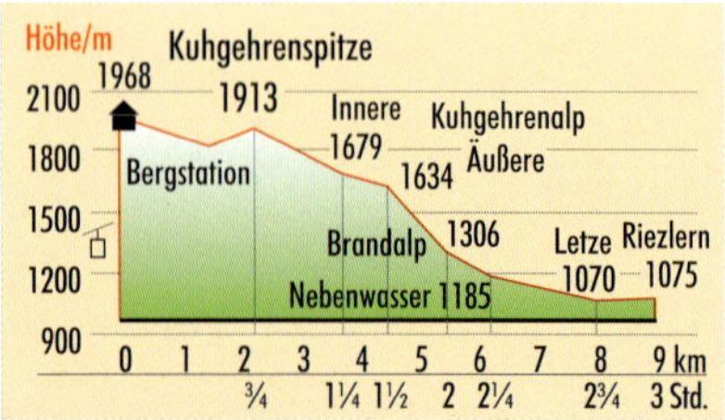

Einkehr: Bergstation Kanzelwand, Adlerhorst, Innere Kuhgehrenalp, Berggasthof Schwabenhütte.
Karte: KOMPASS Nr. 3.

Wenn auch die Kuhgehrenspitze inmitten trutziger Felsburgen nur ein bescheidenes Format aufweisen kann, so ist sie dennoch ein liebenswertes Bergziel, von dem man in aller Stille die mannigfaltige Allgäuer Bergwelt bewundern kann.

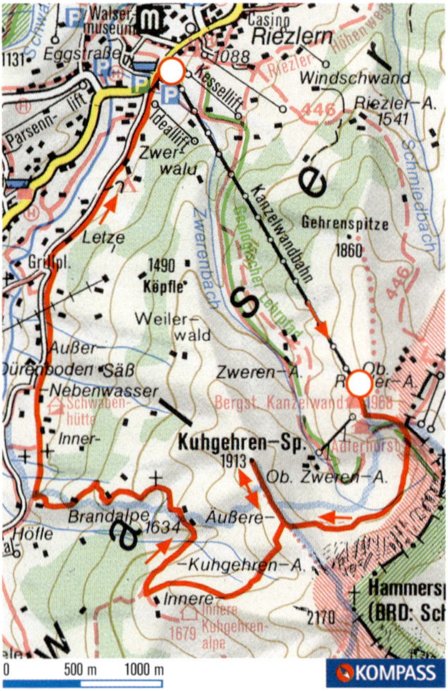

Die Gondel der Kanzelwandbahn bringt uns von Riezlern zur **Bergstation** mit Restaurant. Richtung Kuhgehrenspitze geht's auf einem Güterweg talwärts über einen kleinen Bergrücken. Es begrüßen uns die Hauptkamm-Gipfelparade, der festungsartige Widderstein und der markante Ifen mit dem Gottesackerplateau. Bei der Einkehr Adlerhorst führt der mit »Kuhgehrenalpe« beschilderte, breite Wanderweg unter dem Miniatur-Felsenhaupt der

Auf dem Gipfel der Kuhgehrenspitze. Eine der bemerkenswertesten Berggestalten ringsum ist der Hohe Ifen mit dem Gottesackerplateau.

Kanzelwand am Rand eines Alpkessels entlang.
Am Fuß des schroffen Schüssers verschmälert sich die Route zum Pfad. Ohne großen Gegenanstieg quert man einen Strauchhang und gelangt in den Kuhgehrensattel. Auf einem mit ein paar Fichten bestockten Kamm ist es dann nur noch ein Katzensprung zum westlich vorspringenden Graskopf namens **Kuhgehrenspitze**. Ein besonderes Schmankerl ist der unmittelbare Tiefblick auf die wie Spielzeugsiedlungen anmutenden Dorfflecken und Streusiedlungen des Kleinwalsertals.
Zurück am Sattel, weist uns das Täfelchen »Innerkuhgehren« auf einen gemütlichen Abstiegspfad. Über teilweise mit Krummholz gekleidete Weidehänge erreichen wir die auf einem Bergsporn stehende **Innere Kuhgehrenalp**. Hinter der Hütte, in der noch gesennt wird und ein gut gelagerter Bergkäse zu erstehen ist, setzten sich die Schafalpenköpfe prächtig in Szene.
Richtung Riezlern leitet nun ein Flachstück durch ein Wäldchen. Danach taucht die alte **Äußere Kuhgehrenalp** auf. In Kehren steigen wir über Alpweiden und durch Waldstreifen bergab und passieren die Brandalp. Vom Mittelberger Weiler **Nebenwasser** bringt uns eine erholsame Bummelei etwas oberhalb des Tales zum Berggasthof Schwabenhütte. Nach der Querung des Pfusertobels führt ein Fahrweg nach Letze und ein ruhiges Sträßchen zurück nach **Riezlern**.

Über das Gottesackerplateau

Abenteuerliche Durchquerung einer Steinwüste

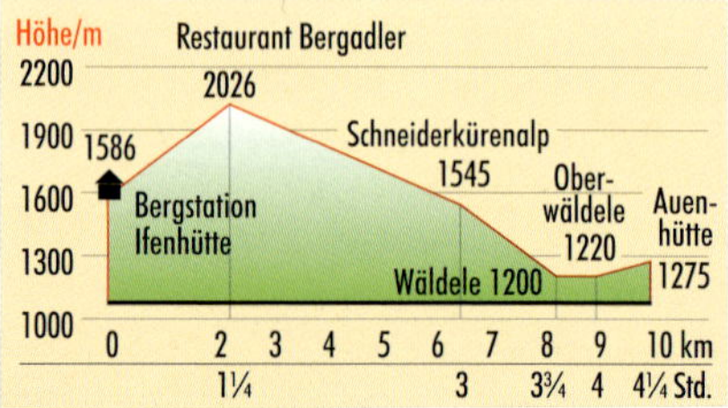

Ausgangspunkt: Riezlern/Auenhütte (Gemeinde Mittelberg, Vorarlberg), Bushaltestelle (Parkplatz), 1275 m.
Gehzeit: Restaurant Bergadler 1¼ Std., Abstieg 3 Std.; gesamt 4¼ Std.
Charakter: Anfangs steiler Aufstieg. Das Gottesackerplateau verlangt Trittsicherheit. Gut bezeichnete Steige und kurze Abschnitte auf Wander- und Forstwegen sowie ruhigem Sträßchen. Bei Schnee abzuraten, keinesfalls bei Nebel! Grenzübertritt.
Einkehr: Bergrestaurant Ifenhütte, Restaurant Bergadler, Gasthaus Küren.
Karte: KOMPASS Nr. 3.

Der Ifenlift-Doppelsessel erspart den Zugang von der Auenhütte zur **Bergstation**. Wir orientieren uns am Schild »Gottesacker Plateau« und gehen an der alten Herzhütte vorbei zum nahen Bergrestaurant Ifenhütte. Die geteerten, über einen steilen Weidehang auf die jäh abbrechende Ifenplatte zuführenden Wanderwegkehren erfreuen uns mit einem schönen Ausblick in die Schafalpen. Von einem Absatz leitet ein weniger anstrengender Steig an der zunehmend geröllbedeckten Ifenmulde entlang.

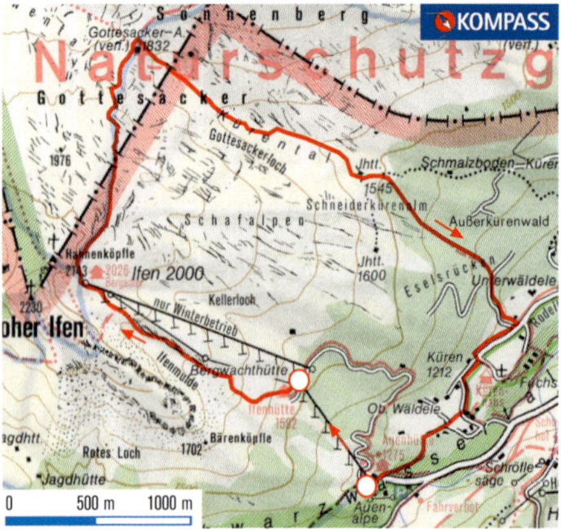

Das Panorama mit den Allgäuer Rang-und-Namen-Gipfeln weitet sich.
An der Gabelung, wo der Ifenaufstieg abzweigt, ist es nicht mehr weit zum **Restaurant Bergadler** mit Skiliftstation.
Das sanft fallende Gottesackerplateau zeigt sich von Anfang an als leicht kuppiges Karstgelände mit einem Labyrinth von Schrattenkalk-Spalten, den so genannten

Vom Bergrestaurant Ifenhütte geht's auf die Ifenplatte zu.

Karren. Zwei Eisenbügel erleichtern das Überwinden einer kleinen Felsstufe. Das auf den ersten Blick monotone, mit nur wenigen Latschenflecken bewachsene Faltenmeer bringt neben einer spärlichen Grasnarbe und vereinzelten Alpenrosen eine seltene Pflanzenwelt hervor. An der Routenkreuzung bei der verfallenen Gottesackeralp weist die Tafel »Klein-Walsertal« in das Gottesackerloch, eine kleine und wenig steile, aber etwas unangenehme Felsenkluft. Später geht's durch Krummholzgassen. Bei der **Schneiderkürenalp**, einer Jagdhütte, tauchen wir in den Kürenwald ein. Der bis zum Schluss vom etwas beschwerlichen Schrattenkalk bedeckte Steig quert Richtung Küren einen Forstweg und bringt uns zum Haus Sonnblick in **Wäldele**.

Durchs Schwarzwassertal wandern wir auf der ruhigen Wäldelestraße zum Gasthaus Küren und von Oberwäldele mit kleinem Gegenanstieg auf einem Wanderweg am Bergheim Wäldele vorbei zur **Auenhütte**.

Steinzeit-Jäger am Fuß des Gottesackers

Im Jahr 1998 entdeckte Steinwerkzeuge und Feuersteingeräte aus Radiolaritgestein deuten darauf hin, dass sich unter einem überhängenden Felsen neben der Schneiderkürenalp vor rund 8 000 Jahren ein Sommerlager mittelsteinzeitlicher Jäger befand. Weitere Fundstücke der in 1545 m Höhe befindlichen Ausgrabungsstätte sind Teile von Tierknochen und Pfeilspitzen. Auffallend ist, dass in der Umgebung des bis knapp vor der Zeitenwende genutzten Lagers kein Radiolarit vorkommt. Das Arbeitsmaterial muss demnach vom Bruder des berühmten Ötzi aus Flussbetten empor zur Waldgrenze transportiert worden sein, wo die Menschen damals vermutlich den Sommer über gelebt hatten.

27

Steinmandl, 1981 m, und Grünhorn, 2039 m

Schrofenkletterei über dem Schwarzwassertal

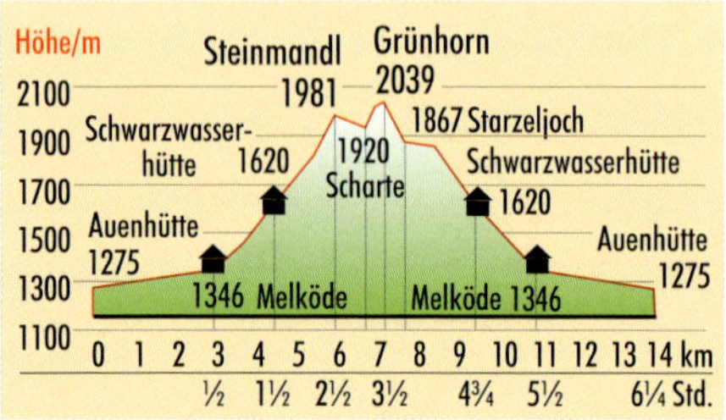

Ausgangspunkt: Riezlern/Auenhütte (Gemeinde Mittelberg, Vorarlberg), Bushaltestelle (Parkplatz), 1275 m.
Gehzeit: Schwarzwasserhütte 1½ Std., Steinmandl 1 Std.; Grünhorn 1 Std., Abstieg 2¾ Std.; gesamt 6¼ Std.
Charakter: Kurze Steilstücke. Der Trittsicherheit und Schwindelfreiheit verlangende Gratübergang in exponiertem Schrofengelände mit leichten, gut gestuften Kletterstellen (I) bleibt geübten Bergwanderern vorbehalten. Überwiegend bezeichnete Steige und Steigspuren, Wander- und Alpwege. Nicht bei Nässe!
Einkehr: Melköde und Schwarzwasserhütte.
Karte: KOMPASS Nr. 3.

Wir nehmen für unsere einsame Grattour an der **Auenhütte** den Wanderweg über eine moorige Kuppe Richtung Schwarzwasserhütte. Im locker bewaldeten Schwarzwassertal schwenkt man in einen erholsamen Alpweg ein. Der Naturlehrpfad verläuft unter der lotrechten Ifenmauer zwischen Felsblöcken hindurch und

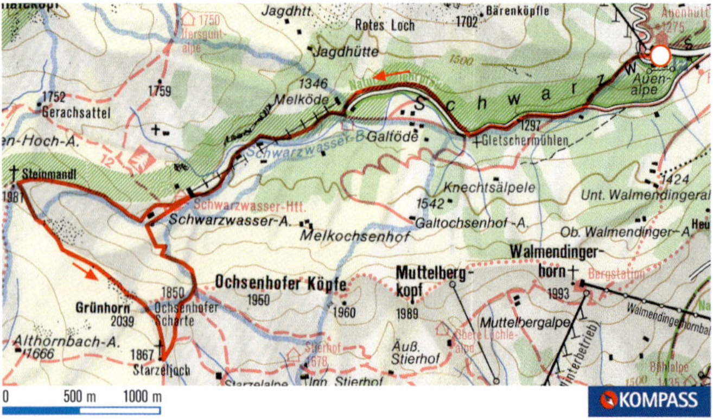

bei einem Bildstock an einer Versickerungsstelle vorbei zur **Melköde** im Talschluss. Wieder auf einem Wanderweg geht's nach einem Aufschwung durch eine herrliche Hochmoorlandschaft. Über deutlicher ansteigende, von einem Waldstreifen unterbrochene Weideböden steigt man hinauf zur **Schwarzwasserhütte**.

Der Wegweiser »Steinmanndl« lenkt auf einen flachen Ziehweg, vor uns das Grünhorn. Bei der Schwarzwasseralp wechselt die Route vor einer Bachquerung in einen anfangs unmarkierten Steig. Danach folgt ein mäßig steiler, später zum Teil mit Latschen bewachsener Zwergstrauchrücken. Über anstrengende Grashänge gewinnt man das aussichtsreiche **Steinmandl**. Das manchmal schmale, nur zu Beginn harmlose Auf und Ab zum Grünhorn weist gelegentlich nur Steigspuren auf. Latschen und Sträucher behindern das Vorwärtskommen. Mitunter kitzlige Stellen in gut gestuftem Fels, machmal neben dem Grat, warten wiederholt mit leichter Kletterei (I) auf. Aus einer Scharte setzt ein knackiger Aufstieg zu einer Zwischenerhebung an. Über einen nahen Grassattel und einen letzten Steilaufschwung gelangt man schließlich auf das **Grünhorn**.

Ins Starzeljoch, dabei an einer Gabelung geradeaus haltend, verfolgt man den nun angenehmen Grasgrat. Dann quert man über Weidehänge zur **Ochsenhofer Scharte** und wandert durch Buschwerk im Bogen hinunter zur Schwarzwasserhütte und zurück zur **Auenhütte**.

Die Gratverbindung vom Steinmandl zum Grünhorn verlangt gute Nerven.

28

Bühlalp, 1435 m

Lustwandeln zwischen Hirschegg und Baad

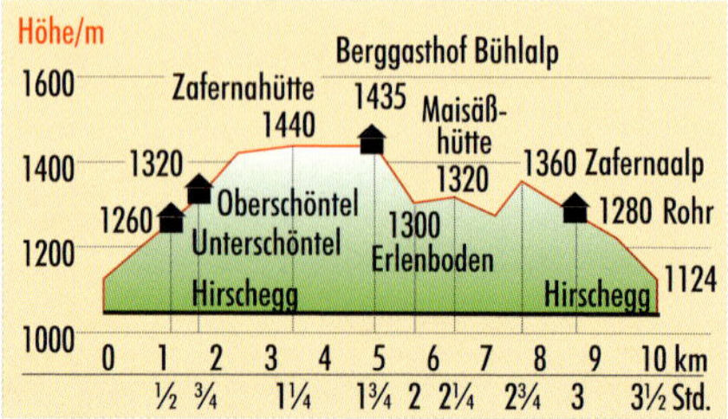

Ausgangspunkt: Hirschegg (Gemeinde Mittelberg, Vorarlberg), Bushaltestelle bei der Kirche (Parkplatz), 1124 m.
Gehzeit: Bühlalp 1¾ Std., Rückweg 1¾ Std.; gesamt 3½ Std.
Charakter: Kräftige Steigung zu Beginn. Meist beschilderte Wander- und Güterwege, Pfade und verkehrsfreie Sträßchen.
Einkehr: In Unter- und Oberschöntel, Berggasthof Bühlalp, in Rohr.
Karte: KOMPASS Nr. 3.

In **Hirschegg** bei der Pfarrkirche dem Gehsteig talauswärts folgend setzt bei der Raiffeisenbank auf der Straße Am Berg der wadenschindende Auftakt zu dem sonst recht beschaulichen Talausflug an. Nach der Kreuzkirche bietet der Fußgängerweg vom Ortsende über eine Bergwiese Richtung Auenhütte wunderbare Ausblicke nach Riezlern und in die hinteren Walsertaler Berge. Ein steiles Sträßchen leitet von Unterschöntel zum Berggasthof Schöntalhof in **Oberschöntel**.

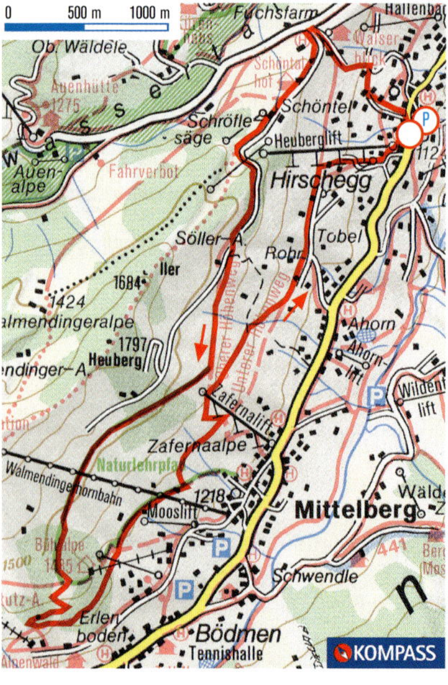

Der Wegweiser »Zaferna« lenkt auf einen Güterweg, der ohne große Anstrengung durch den Wald steigt. An der Gabelung auf einer Kuppe beachten wir die Beschilderung zur Bühlalpe, die nach kurzem Gefälle auf einen Wald-

Mittelberg im Kleinwalsertal mit Hohem Ifen.

wanderweg für Genießer dirigiert. An der Gabelung bei der **Zafernahütte** mit Sessellift zeigt uns das Täfelchen »Baad« den weiteren Kurs.

Über dem Wildental beeindruckt die mauerbewehrte Breitseite der durch den Mindelheimer Klettersteig verbundenen Schafalpenköpfe. Nach der privaten Oberen Heuberghütte lichtet sich der Wald endgültig. Zwischen den Lawinenverbauungen unter dem Heuberggrat und unter der Walmendinger-Horn-Bahn hindurch gehend, öffnet sich nun das Gemsteltal.

Am heimeligen **Berggasthof Bühlalp** beginnt ein geteerter Fahrweg, der in ein paar Haarnadelkurven durch einen Waldfleck hinunter zum Ortsteil **Erlenboden** leitet. Dort wählen wir den Haspelwaldweg Richtung Mittelberg, einen vergnüglichen Pfad durch einen flachen Mischwald. An der privaten Maisäßhütte über dem Gemeindesitz des Kleinwalsertals setzt man das großartige Höhenweg-Lustwandeln auf einem unbeschilderten Pfad geradeaus fort und geht nochmals unter der Bergbahn hindurch. Am darauffolgenden Viehstall wechselt man ganz kurz auf einer steigenden Pfadspur zu einem geteerten Alpweg und wandert über Weidehänge hinauf zur **Zafernaalp**.

Ab der nächsten Kreuzung geht's auf dem nach Hirschegg ausgeschilderten, leicht fallenden Wanderweg nach **Rohr**.

Dort nimmt man den Rohrweg Richtung Schwarzwassertal zum Haus Bergfelder, wo der Wegweiser »Hirschegg-Dorf« zur Kirche von **Hirschegg** lenkt.

Mindelheimer Hütte, 2013 m

Spannend vom Gemsteltal zum Wildental

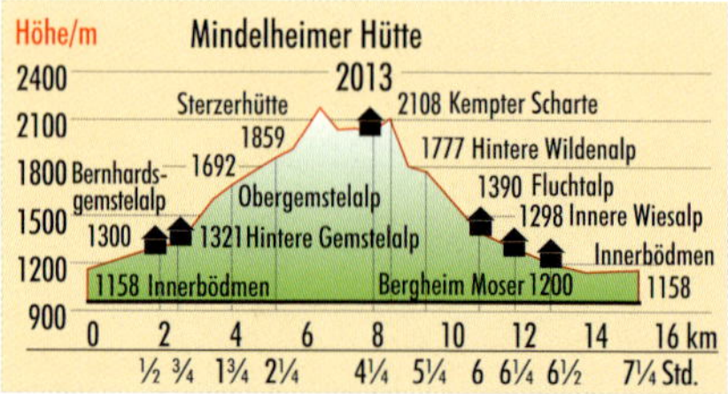

Ausgangspunkt: Mittelberg/Innerbödmen (Vorarlberg), Bushaltestelle (Parkplatz), 1158 m.
Gehzeit: Mindelheimer Hütte 4¼ Std., Abstieg 3 Std.; gesamt 7¼ Std.
Charakter: Längere Steilstücke. Besonders bei Schnee Vorsicht auf dem etwas ausgesetzten, gesicherten Abstieg von der Kempter Scharte. Gut bezeichnete Steige, Alp- und Wanderwege.
Einkehr: Bernhardsgemstelalp, Hintere Gemstelalp, Mindelheimer Hütte, Fluchtalp, Innere Wiesalp, Untere Wiesalp, Berggasthaus Moser, Restaurant Schwendle.
Karte: KOMPASS Nr. 3.

Als Talort für die sportliche Elferkopfrunde wählen wir die Bushaltestelle in **Innerbödmen**. Das Anliegersträßchen Richtung Widdersteinhütte bringt uns nach Gemstelboden. Hinter der Breitachbrücke entschwinden wir auf einem Alpweg ins enge Gemsteltal. An einer Gabelung wählen wir die westseitige Route durch Wald und später über Alpweiden zur Bernhardsgemstelalp, zur Linken die Elferkopf-Steilgrasflanken.

Im Talschluss steht die **Hintere Gemstelalp**, über uns der riesige Widderstein.

Der Steig zur Mindelheimer Hütte

überwindet in Kehren einen schrofigen Krummholzhang. Eine etwas ausgesetzte Felsrinne ist mit einem Kunststoffseil gesichert. Nach einer weiteren gesicherten Passage über der Klamm mäßigt sich die Steigung vorbei an einem Wasserfall. Es folgt ein kurzes Bachbett, dann taucht die **Obergemstelalp** auf.

Unter Schrofenhängen kommen wir zur **Sterzerhütte**, einer alten Jagdhütte. Danach müht man sich über einen ab und an von Latschen bewachsenen Grashang zum Fuß des Geißhorns.

Auf bayerischer Seite noch über Geröllströme zum Sattel zwischen Geißhorn und Wildengundkopf, dann gelangt man auf einem kurzen Steilabstieg ins Angererkar und an Grashängen entlang zur **Mindelheimer Hütte**.

Es folgt der Aufstieg in die Kempter Scharte an der Grenze. Die ein wenig ausgesetzten, oft mit Drahtseilen gesicherten Steigkehren über eine schuttige Schrofenflanke hinunter in ein Trümmerkar verlangen Umsicht.

Bald nach Querung des jungen Wildenbachs erreicht man die **Hintere Wildenalp**.

Danach steigt man in Serpentinen über die steile Krummholzzone zur **Fluchtalp**. Auf dem gemütlichen Alpweg durchs romantische Wildental hinaus passiert man die Innere und **Untere Wiesalp** sowie wieder im Wald das Bergheim Moser.

Vom **Restaurant Schwendle** führt ein Sträßchen zur Schwendlebrücke und ab dort ein bequemer Wanderweg an der Breitach nach **Innerbödmen**.

Talschluss des Gemsteltals.

30

Hochstarzel, 1974 m

Floristische Augenweide auf kühner Kammschneide

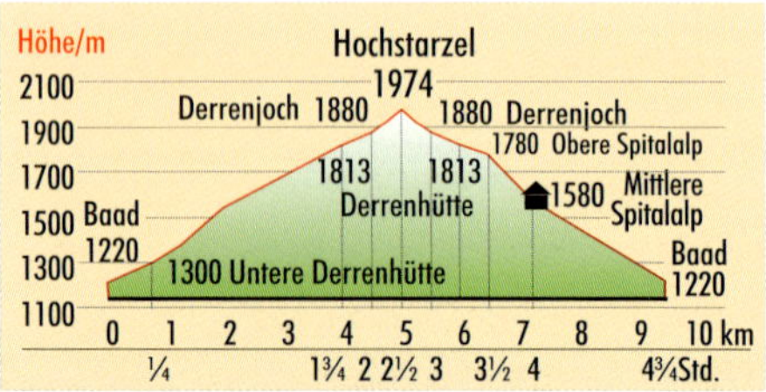

Ausgangspunkt: Baad (Gemeinde Mittelberg, Vorarlberg), Bushaltestelle am Ortsanfang (Parkplatz), 1220 m.
Gehzeit: Derrenalp 1¾ Std., Hochstarzel ¾ Std., Abstieg 2¼ Std.; gesamt 4¾ Std.
Charakter: Kurze steile Anstiege. Für die gesicherte Kammschneide zur Hochstarzel ist Trittsicherheit und Schwindelfreiheit notwendig. Gut beschilderte Steige, Zieh- und Wanderwege. Nur für erfahrene Bergwanderer, nicht bei Nässe!
Einkehr: Mittlere Spitalalp.
Karte: KOMPASS Nr. 3.

Am Ortsanfang von **Baad** machen wir uns auf den Weg zu einem Selbstvertrauen fordernden Balanceakt. Der Wegweiser »Derrenhütte« lenkt auf einen Ziehweg. Nach der Breitachbrücke erreichen wir über eine mäßig steile Weidelichtung die **Untere Derrenhütte**, eine Jagdhütte.
Wenig später zweigt in dem enger werdenden Derrenbachtal, das sich nun gabelt, ein wie gewohnt beschilderter, anstrengender Steig ab. Die mit Fichtengruppen und Buschwerk gekleideten Steilhänge sind von Bergrutschen geschunden und bieten dem Vieh nur ein spärliches Futter.
Ab einem mit Holzdielen besser begehbar gemachten Feuchtgebiet nimmt die Tour unter den Steilgraspleisen der Hinteren Üntschenspitze wieder Erholungscharakter an. Linkerhand die Güntlespitze, streben wir in weitem Bogen über Alp-

Die auf Vorarlberger Gebiet versammelten Flyschberge in der Südwestecke der Allgäuer Alpen zeichnen sich wie hier an der Hochstarzel durch luftige Gratschneiden aus.

weiden der kleinen, auf einem Bergsporn stehenden **Derrenhütte** (auch Derraalp) entgegen. Ein recht ungleiches Paar geben der bullige Widderstein und der zackige kleine Bruder ab.

In Kürze ist das Derrenjoch gewonnen. Die Tafel »Leichter Klettersteig zum Starzeljoch« weist den Weiterweg. Der steile Aufschwung zum Graskamm mit seiner verschwenderischen Blumenfülle erfreut mit schönen Ausblicken zu Didamskopf und Kanisfluh im Bregenzer Wald. Für das jetzt beginnende ausgesetzte Steiglein ist ein behutsames Vorgehen angesagt. In leichtem Auf und Ab mit einer seilgesicherten Passage – unter uns das Talbecken von Au – wagen wir uns über die anregende Kammschneide hinüber zur **Hochstarzel**.

»Klettersteig« ist allerdings etwas übertrieben, denn Kletterei ist – zumindest auf unserem Kammabschnitt – nirgendwo erforderlich.

Zurück an der **Derrenhütte** quert man Richtung Baad die Weidehänge zur Oberen Spitalalp und erreicht durch einen Alpkessel die **Mittlere Spitalalp**. Ab der Verzweigung kurz danach führt links ein Wanderweg an einer verfallenen Hütte vorbei, an einem Steilhang entlang und durch Wald zurück nach **Baad**.

31

Bärgunthütte, 1392 m

Spaziergang zum Wahrzeichen des Kleinwalsertals

Ausgangspunkt: Baad (Gemeinde Mittelberg, Vorarlberg), Bushaltestelle am Ortsanfang (Parkplatz), 1220 m.
Gehzeit: Bärgunthütte 1 Std., Rückweg ¾ Std.; gesamt 1¾ Std.
Charakter: Leichte Aufschwünge. Gut beschilderte Alpwege.
Einkehr: Bärgunthütte.

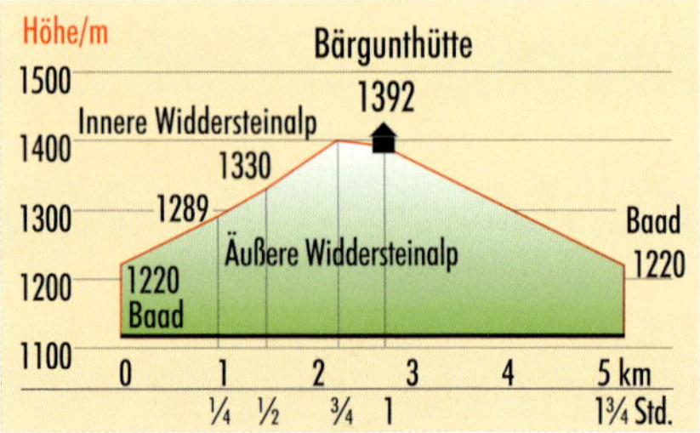

Karte: KOMPASS Nr. 3.

Sollte während dieses kleinen aber dennoch recht eindrucksvollen Bärgunttal-Ausflugs die Lust auf mehr erwachen, wird man es nicht bereuen, die faszinierende

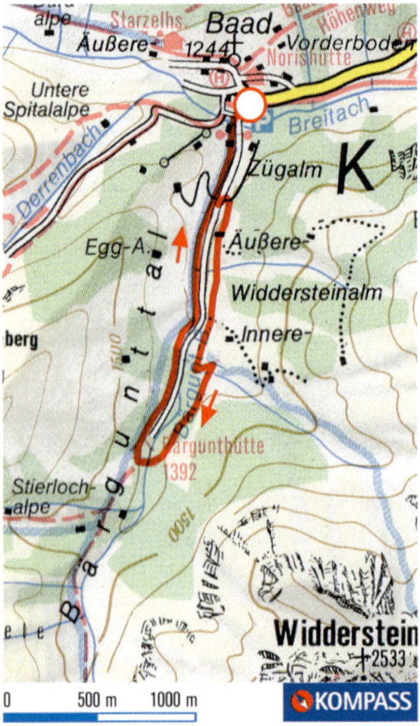

Tourenfortsetzung zum Hochalppass oder gar zum Wirt auf dem Hochtannbergpass in Erwägung zu ziehen.

Der Richtungszeiger »Bärgunthütte« dirigiert am Ortsanfang von **Baad** über die Breitachbrücke. Das waldgesäumte Ufer des Bärguntbachs begleitet einen sanft steigenden Güterweg. An einer Verzweigung kommt erst mal die linke Möglichkeit des Talrundwegs zum Zug. In einer deutlicher ansteigenden Serpentine passiert man die **Äußere Widdersteinalp**. Im Banne der überdimensionalen Widderstein-Felsbastion, Wahrzeichen des Kleinwalsertals, durchstreifen wir bescheidene Alpweiden und treffen bald schon bei den beiden kleinen Hütten der Inneren Widdersteinalp ein. Von hier besticht auch die rassige Pyramide des Kleinen Widdersteins. Hinter uns ragen die Ochsenhofer Köpfe und das Walmendinger

Im hinteren Bärgunttal lädt die Bärgunthütte zur Einkehr.

Horn auf. Nochmals schalten sich zwei Kehren ein, dann bewegen wir uns im hinteren Talgrund wieder ohne jeglichen Freizeitstress auf die selten besuchte Gipfelregion zwischen Hochalppass und Üntschenpass zu. Ab einer Kuppe spazieren wir am Fuß des Widdersteins durch ein von Lawinen gelichtetes Waldstück bergab zur Brücke über den jungen Bärguntbach und zur nahen **Bärgunthütte**, wo eine schmackhafte Brotzeit serviert wird.

Auf dem Rückweg wählt man an der Gabelung gleich unterhalb der Hütte den direkt am bewaldeten südlichen Bachufer entlang führenden Alpweg. Dieser verspricht ebenfalls eine entspannende Bummelei. Im unteren Tal mündet der Rundkurs wieder in die bekannte Route nach **Baad**.

Dolomitriese Widderstein

Bereits aus dem Alpenvorland gibt die im hintersten Kleinwalsertal sockelnde Charaktergestalt des Widdersteins, einer der schönsten Allgäuer Berge, eine unverwechselbare Landmarke ab. Und auch auf denjenigen, der sich den mit längerer leichter Kletterei gewürzten Felsaufstieg nicht zumuten möchte, übt der kantige Dolomitbulle mit dem langen Ostgrat, urigen Trümmerkaren entwachsend, eine gewaltige Anziehung aus. Dieses Wahrzeichen des von der Breitach durchströmten Gebirgstales taucht bereits in uralten Schriften auf: schon 1059 findet der Widderstein Erwähnung als Grenzpunkt »widerostein«. Den Namen hat der Berg, in dessen Klüften früher die sagenhaften, scheuen »Wilden Männle« hausten, seinem Ruf zu verdanken, Gewitter besonders anzuziehen: der »Gewitterstein«.

Berggasthaus Gletscherspalte, 1320 m

Höhenwanderung am Imberger Horn

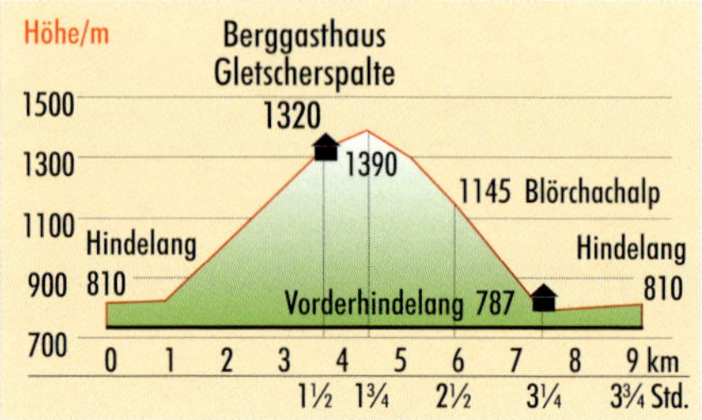

Ausgangspunkt: Hindelang, Bushaltestelle am Kurhaus (Parkplatz), 810 m.
Gehzeit: Berggasthaus Gletscherspalte 1½ Std., Abstieg 2¼ Std.; gesamt 3¾ Std.
Charakter: Langer mittelsteiler Aufstieg und überwiegend steiler, etwas unangenehmer Abstieg. Ausreichend beschilderte Zieh-, Forst- und Wanderwege, kurze Abschnitte auf Pfad, Steig und Trittspur.
Einkehr: Berggasthaus Gletscherspalte, in Vorderhindelang (kleiner Abstecher).
Karte: KOMPASS Nr. 3.

Die mit hübschen Ostrachtal-Tiefblicken erfreuende Bergwald-Rundwanderung beginnt am Kur-

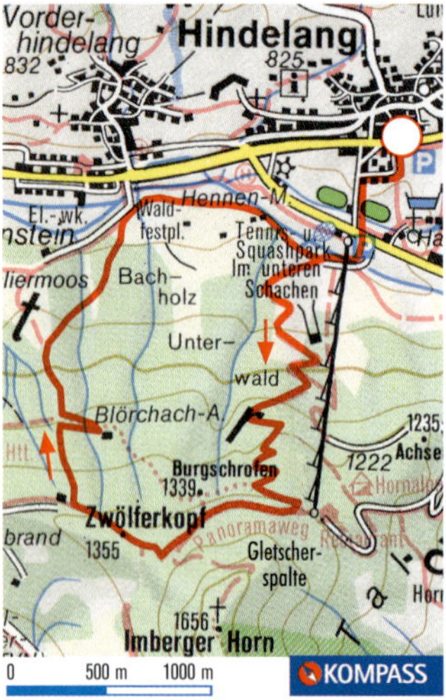

haus in **Hindelang**. Wir queren vorsichtig die Bundesstraße und gehen bei der Hornbahn über die Ostrachbrücke. Die stets Richtung Imberger Horn beschilderten, steilen Ziehwegschleifen über bucklige, von einzelnen Fichten bestockte Weidehänge bieten reizvolle Ausblicke zum ansprechenden Marktflecken unter dem Kleinen Hirschberg. Weiter oben mündet der Aufstieg an der Seilbahn in einen Forstweg, dem wir rechts folgen. Ab der Gabelung nach einem schütteren Waldflecken mit Ausschau zu den beiden Illertalstädten sind es nur noch ein paar letzte Kehren auf der auch als Rodelbahn genutzten Route durch Jungwald zum **Berggasthaus Gletscherspalte**.

Entlang des beschaulichen Ostrachufers leitet ein Wanderweg mit Blick zum Kleinen Hirschberg zurück nach Hindelang.

Dort richten wir uns nach dem Schild »Vorderhindelang über Zwölferkopf« und benützen einen kurzen Wanderweg zu einem Forstweg. Dieser quert unter dem Imberger Horn einen Windwurfhang. Vom Wegende leitet der Pfad Richtung Imberg in wenigen Windungen bergab zu einem Kreuz auf einer Geländestufe und durch einen Waldstreifen zum Beginn eines weiteren Forstwegs. Über den Westrücken der unscheinbaren Kuppe namens Zwölferkopf schlendernd achte man auf die Abzweigung des Steigs nach Vorderhindelang. Später ist über einen steilen Weidehang nur noch eine Trittspur zu erkennen.

Am Hangfuß bringt uns abermals ein Forstweg rechts zur winzigen **Blörchachalp**, wo wir wieder auf den Wegweiser »Vorderhindelang« stoßen. In wilden Serpentinen steigt man auf einem steinigen Ziehweg-Ungeheuer talwärts über weitere Weidehänge. Ohne Stöcke ein kniegelenkschindendes Unterfangen.

Nach einer möglichen Einkehr in **Vorderhindelang** lenkt an der Ostrachbrücke das Täfelchen »Talstation Sesselbahn« auf einen genüsslichen Wanderweg. Waldstreifen säumen das Flussufer zurück nach **Hindelang**.

Bei der Naturkneippanlage weist eine Infotafel daraufhin, dass auf einer nahen Kiesbank der Flussuferläufer brütet.

Sonnenkopf, 1712 m, und Heidelbeerkopf, 1767 m

Erholsamer Panoramaweg

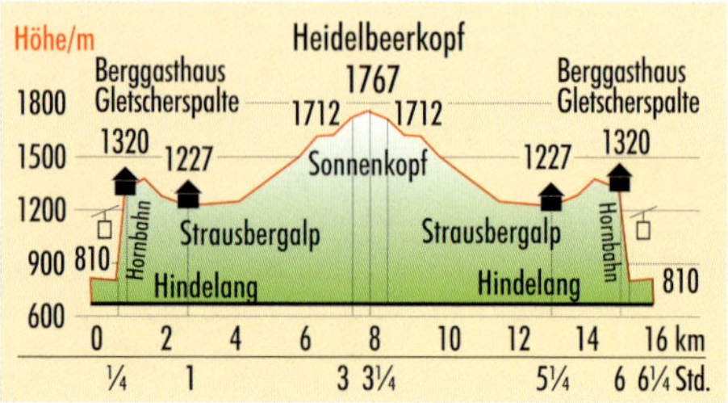

Ausgangspunkt: Hindelang, Bushaltestelle am Kurhaus (Parkplatz), 810 m.
Gehzeit: Heidelbeerkopf 3¼ Std., Rückweg 3 Std.; gesamt 6¼ Std.
Charakter: Kurze steile Aufstiege. Ausreichend beschilderte Pfade, Steige und Steigspuren.
Einkehr: Berggasthaus Gletscherspalte, Strausbergalp.
Karte: KOMPASS Nr. 3.

Den Aufstieg von **Hindelang** zum **Berggasthaus Gletscherspalte**, dem Startpunkt des überwiegend unbeschwerten Panoramawegs zu den Sonthofner Sonnenköpfen, nimmt uns die Hornbahn ab (¼ Std. ab Kurhaus). Ein kurzer Wanderweg leitet bergauf zu einem Forstweg. Dieser quert unter dem Imberger Horn einen Wind-

Retterschwanger Tal mit Gernkopf, Nachbar des Sonnenkopfs.

wurfhang. Am Wegende weist die Tafel »Straußbergsattel« auf einen Pfad, der in wenigen Kehren zu einem Kreuz auf einer Geländestufe fällt. Dieser Abschnitt des Oberallgäuer Rundwanderwegs führt danach durch ein Waldstück und weiter unten über Weidehänge auf den Fichtenschopf des Sonthofner Hörnles zu.

Nach der über einer Moorsenke gelegenen **Strausbergalp** verläuft die nun flache, mit »Straußbergsattel« ausgewiesene Route weiter abwechselnd durch Wald und über Weidelichtungen. An einer Verzweigung hält man sich Richtung Sonthofen. Wo ein Forstweg beginnt, grüßen im Osten der behäbige Breitenberg und die stattliche Rotspitze. Kurz nach der Einmündung in eine Teerfahrbahn lenkt das Schild des Panoramawegs auf einen steigenden, meist gut erkennbaren Graspfad, der einen Bogen um das Sonthofner Hörnle schlägt. An einem Weidedurchgang dirigiert uns der Wegweiser »Oberstdorf« auf eine steilere Steigspur. Wenig später weitet sich auf einem anfangs flachen Forstweg der Blickradius bis ins Kleinwalsertal. Zwischendurch weist das Schild »Sonnenköpfe« den Kurs.

Kurz nach einer Pfadabkürzung endet beim Sattel zwischen Gernkopf und Sonnenkopf der Weg. Ein Steig überwindet jetzt über zahlreiche Holzstufen einen locker bewaldeten Rücken zu einem Absatz. Dabei genießt man einen herrlichen Ausblick ins Retterschwang und zum trutzigen Daumenmassiv. Auf einem Pfad folgt eine kleine Erholungsetappe, dann bringt uns der harmlose Schlussaufstieg zwischen letzten Fichten über zwei weitere Absätze auf den **Sonnenkopf**. Nach kaum nennenswertem Höhenverlust klettert ein Steiglein im Zickzack über einen steilen Strauchhang zum benachbarten **Heidelbeerkopf**.

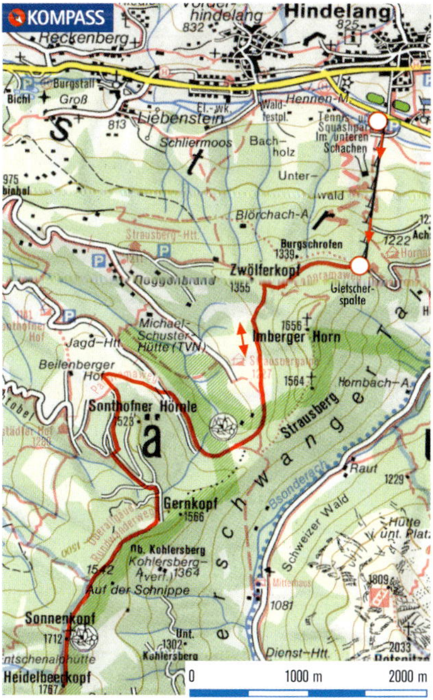

Rotspitze, 2033 m

Die Schönheitskönigin vom Retterschwang

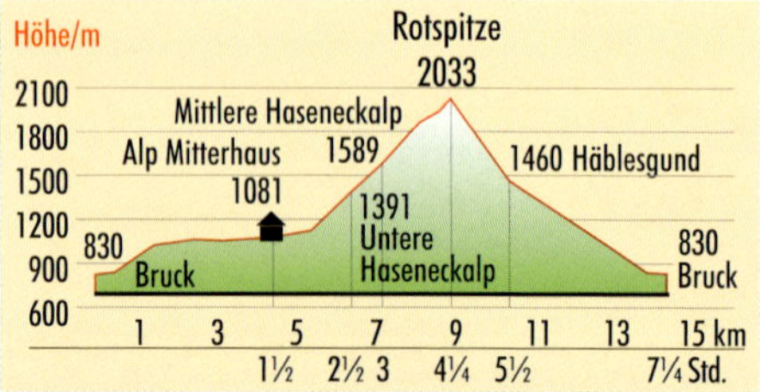

Ausgangspunkt: Hindelang/Bruck, Bushaltestelle, 830 m; Parkplatz nach der Kurve.
Gehzeit: Mittlere Haseneckalp 3 Std., Rotspitze 1¼ Std., Abstieg 3 Std.; gesamt 7¼ Std.
Charakter: Lange steile Auf- und Abstiege. Für den Gipfelübergang mit leichter Kletterei (I) und ausgesetzte, im Abstieg gesicherte Passagen ist Trittsicherheit und Schwindelfreiheit nötig. Vorsicht bei Nässe! Gut bezeichnete Steige, kurze Forst- und Alpwege.
Einkehr: Alp Mitterhaus.
Karte: KOMPASS Nr. 3.

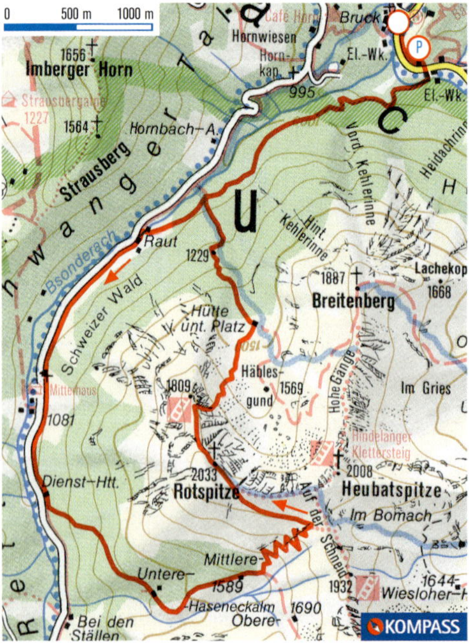

Als Startpunkt für die pfiffige Überschreitung der ebenmäßig geformten Felspyramide wählen wir die Bushaltestelle im Ortsteil **Bruck**.
Neben der Straße nach Hinterstein bietet sich der begleitende Wanderweg an. Bei einer Gedenktafel queren wir in Richtung Breitenberg die Ostrach zu einer Forstwegkreuzung, wo eine Waldserpentine ansetzt. Später führt uns der Jägersteig ins Retterschwanger Tal. Dort quert eine fla-

Anspruchsvolle Tourenerweiterung: von der Rotspitze über die Hohen Gänge zum Breitenberg.

che Forstfahrbahn eine riesige Windwurffläche. Nach kleinem Abstieg begleitet die Bsonderach das Alpsträßchen zur **Alp Mitterhaus**.
Bald danach weist das Schild »Haseneckalpe« auf einen Steig. In steilen Kehren geht es durch kränkelnden Fichtenwald. Nach einem Flachstück erreichen wir bei einem Wasserfall die Untere Haseneckalp. Nächste Station, über uns der Kleine und Große Daumen, ist die **Mittlere Haseneckalp**. Ab der folgenden Gabelung mühen wir uns in zunehmend engerem Zickzack über anstrengende Grashänge empor. Wenig unterhalb der Grathöhe teilt sich der Weg nochmals. Unsere ab und an felsige Route (I) quert mit einer ausgesetzten Passage eine Steilgrasflanke. Hand anzulegen ist aber nur selten erforderlich. Nach unangenehm bröseligem Abstieg zu einer Scharte erklimmen wir über den Südostgrat die aussichtsreiche **Rotspitze**.
Nach wenigen Metern Rückweg nehmen wir die mit »Häbelesgund« beschilderte Abzweigung. Ein sehr steiler, mitunter geröllbedeckter und abschüssiger Steig – erst auf dem Grat, später etwas daneben – wartet mit drahtseilgesicherten Schrofenstufen auf, die wiederum leichte aber bedächtige Kletterei erfordern. Noch über einen schuttigen Grashang und eine Latschenzone, dann treffen wir am Unterstand im **Häblesgund** ein.
Nach steinigen Alpweiden fällt ein anfangs steiler Zickzacksteig durch einen Skelettwald zum bekannten Talkurs, der uns nach **Bruck** bringt.

35

Zipfelsbachfall, 980 m

Genussbummelei im Ostrachtal

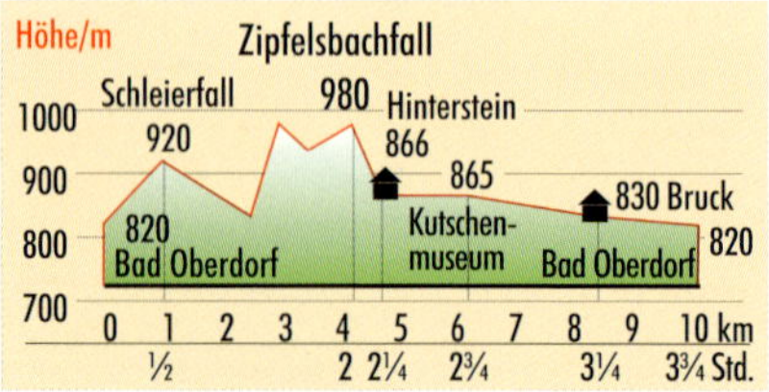

Ausgangspunkt: Bad Oberdorf (Gemeinde Hindelang), Bushaltestelle an der Kurverwaltung, 820 m; Parkplatz am Ortsende Richtung Hinterstein.
Gehzeit: Bis Zipfelsbachfall 2 Std., Kutschenmuseum plus ¾ Std., Rückweg 1 Std.; gesamt 3¾ Std.
Charakter: Kleine Steigungen. Meist gut beschilderte Wander- und Wirtschaftswege sowie Pfade.
Einkehr: In Hinterstein und Bruck.
Karte: KOMPASS Nr. 3.

Bei der Kurverwaltung in **Bad Oberdorf** zeigt das Täfelchen »Schleierfall« den Kurs zu der bequemen Talwanderung. Nach der ersten Kurve zweigt ein Wanderweg ab. An der Gabelung beim Prinz-Luitpold-Bad rechts haltend, bringt uns bald ein kleiner Abstecher zu einem Klammausgang, in den der **Schleierfall** über eine hohe Felsstufe stürzt. Ein wilder Winkel, so nahe beim Dorf. Zurück auf der Hauptroute, weist das Schild »Bärenweg Hinterstein« über die Ehlesbachbrücke. Wenig über dem Ostrachtal spaziert man an gelichteten, steilen Waldhängen entlang. Nach unwesentlichem Höhenverlust bei Bruck folgt am Schrattenberg in Pfad-Serpentinen ein Gegenanstieg. Anschließend mündet die Bärenwegroute in einen Ziehweg.

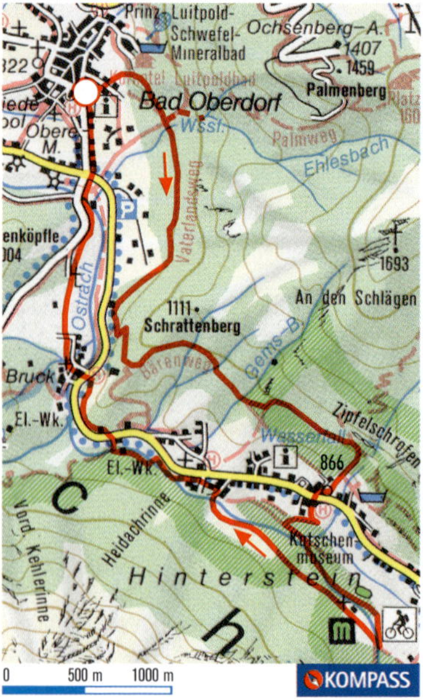

Am Steigungsende finden wir wieder einen Pfad vor. Auf einem Eisensteg wird eine Bachrinne überschritten. Danach treten wir hinaus auf freie Weidehänge. An der Kreuzung hinter der Gemsbachquerung lenkt der Wegweiser »Wasserfälle« an einer Wildfütterung vorbei. Noch ein paar letzte kleine Anstiege, dann kommen wir zu einer mit Steinplatten belegten Brücke unter dem hübschen **Zipfelsbach-Wasserfall**. Der gleichnamige Sturzbach ergießt sich hier in eine glasklare Gumpe. Nun schlängelt sich der Pfad hinunter zur Kirche im mittleren Dorf von **Hinterstein**. Dort folgt man einem Wanderweg bergab am Spielplatz vorbei und über die Zipfelsbachbrücke zur Ostrach. Ein Uferweg führt flussaufwärts. Kurz nach der überdachten Ostrachbrücke lädt das **Kutschenmuseum** zum Besuch. Nahe des Südufers geht's daraufhin durch Fichtenwald und über Viehweiden. Eine weitere überdachte Brücke trägt uns ins vordere Dorf. Neben der Straße führt ein Fahrweg nach Bruck. Dort schlendern wir über eine letzte überdachte Holzbrücke und nehmen den Wiesenweg nach **Bad Oberdorf**.

Halbtagesziel Zipfelbach-Wasserfall.

Hintersteiner Kutschenmuseum

Das höchst eigenwillig eingerichtete, mit Solarenergie betriebene Hintersteiner Kutschenmuseum überrascht mit uralten Kutschen und Schlitten, überwiegend aus dem Allgäuer Raum, darunter so manche Rarität. Ein Privatmann hat die Ausstellung in jahrelanger Arbeit mit unglaublichem Feingefühl gestaltet und aus eigener Tasche finanziert. Vielerlei Stimmungen gehen von den bewusst düster und geheimnisvoll gehaltenen, musikalisch untermalten Nischen und Winkeln aus. Wilde Tiere begegnen einem zu unterschiedlichen Jahreszeiten. Hier und dort plätschert, rieselt, gluckst ein Wässerchen. Außerhalb des lebendigen Zauberreichs gibt es einfallsreiche Klangspiele und Skulpturen aus Alteisen und Holz sowie einen kleinen Garten mit Pavillon zu sehen. Auch die ungewöhnliche Grotte nimmt einen sofort gefangen.

Lahnerkopf, 2121 m, und Kastenkopf, 2129 m

Verschwiegenes Gipfelreich um den Schrecksee

Ausgangspunkt: Hinterstein (Gemeinde Hindelang), Bushaltestelle an der Kapelle im Hinterdorf, 866 m; Parkplatz am Ortsende.
Gehzeit: Schrecksee 3¼ Std., Kastenkopf 1¾ Std., Abstieg 3¾ Std.; gesamt 8¾ Std.
Charakter: Längere steile Anstiege. Meist bezeichnete Steige mit einer gesicherten ausgesetzten Passage, zu Beginn Alpwege, Lahnerkopf weglos. Etwas Ausdauer erforderlich.
Einkehr: Konstanzer Jägerhaus.

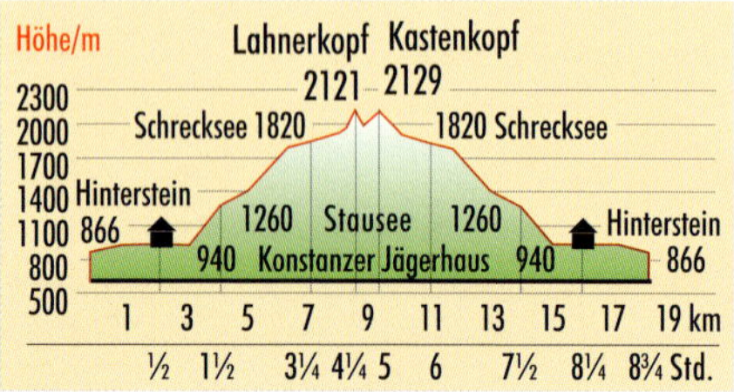

Karte: KOMPASS Nr. 3.

Als Ausgangspunkt für den außergewöhnlich schönen Aufstieg zu den zwei selten besuchten Gestalten im Allgäuer Hauptkamm wählen wir die Kapelle im Hinterdorf von **Hinterstein**.

Den Wegweiser »Giebelhaus – Fußweg« beachtend, nimmt uns am Straßenende ein taleinwärts führendender Alpweg auf.

Über die buckeligen Weideböden steigt die Route leicht an. Sanft fallend geht es über die Willersbachbrücke. Danach passiert ein

Wanderweg den Hinterbachhof, bevor er in das zum Giebelhaus führende Alpsträßchen mündet. In angenehmer Steigung wandern wir am **Konstanzer Jägerhaus** und dem bald darauf folgenden Brünnele vorbei durch Mischwald zur Talenge Aueles Gasse.

Nach kleinem Gefälle lenkt beim E-Werk das Schild »Schrecksee« auf einen Steig, der am Fuß des Rauhhorns einen kleinen Weidehang überwindet und später durch steilen, lockeren Fichtenwald zu einem Mini-Stausee seinen Tribut fordert. Bei zwei Jagdhütten erreicht man eine Alpwanne.

Hinter der verfallenen Taufersalp folgt bei der Materialseilbahn zum Schrecksee ein Bachsteg. Dann überlisten schuttige Kehren in einer Schleife eine teils latschenbewachsene und mit einer ausgesetzten, seilgesicherten Passage aufwartende Felsbarriere.

An der unteren Karschwelle setzen gemütliche Grashänge an. Eingebettet hinter der oberen Karschwelle schimmert der mit einer Insel geschmückte **Schrecksee**.

Der erst noch gemächliche Jubiläumsweg hält jetzt auf den Kastenkopf zu. Über leicht schrofendurchsetzte Grashänge gewinnt man in einem Bogen über ein paar Windungen die **Lahnerscharte**. Der weglose und gelegentlich schuttige Gipfelhang zum westseitig aufragenden **Lahnerkopf** mit beeindruckender Schau heizt nochmals ein. Zurück in der Lahnerscharte, leitet uns ein Steiglein über gerölldurchsetzte Grashänge ohne große Anstrengung auf den **Kastenkopf**.

Schrecksee vom Lahnerkopf.

37

Jubiläumsweg zum Luitpoldhaus

Durch die Hintersteiner Berge

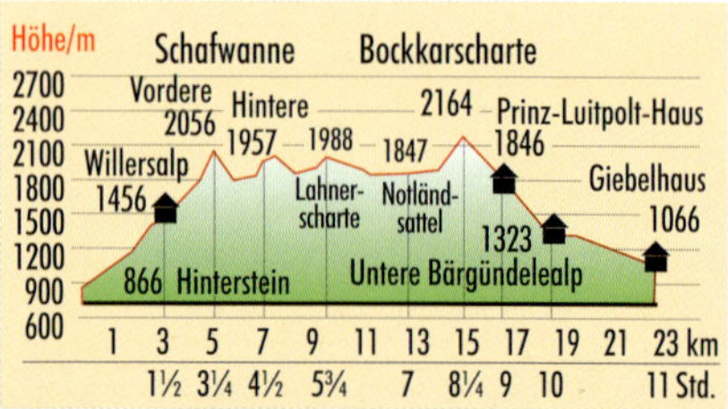

Ausgangspunkt: Hinterstein (Gem. Hindelang), Bushaltestelle an der Kapelle im Hinterdorf, 866 m; Parkplatz am Ortsende.
Gehzeit: Lahnerscharte 5¾ Std., Prinz-Luitpold-Haus 3¼ Std., Abstieg 2 Std.; gesamt 11 Std.
Charakter: Längere steile Aufstiege. Gut bezeichnete, zum Teil ausgesetzte Steige mit gesicherten Passagen, Forst- und Alpwege. Ausdauer und Trittsicherheit erforderlich, Vorsicht bei Nässe! Übernachtung empfehlenswert, Grenzübertritt.
Einkehr: Willersalp, Prinz-Luitpold-Haus, Untere Bärgündelealp, Giebelhaus.
Karte: KOMPASS Nr. 3.

Wir starten zu der ausgiebigen Höhenwanderung an der Kapelle im Hinterdorf von **Hinterstein**. Die Tafel »Giebelhaus – Fußweg« lenkt zur Abzweigung des Wanderwegs zur Willersalp. Im Wald folgt ein Forstweg, später ein Steig. Nach einer Verzweigung queren wir den wilden Willersbach. Enge Kehren winden sich zu den Weiden der **Willersalp** empor. Latschen und Fichten säumen nun hier und dort den Jubiläumsweg Richtung Schrecksee. Nach einer Karschwelle klettert der Steig über einen knackigen Grashang und eine mitunter ausgesetzte Schuttflanke in einen Sattel namens **Vordere Schafwanne**. Am Gaiseckjoch

An der Willersalp beginnt der Höhenweg zum Prinz-Luitpold-Haus.

wechselt der Kurs auf die Tiroler Seite, umrundet nach kleinem Steilabstieg über Geröllströme die zerborstenen Rauhhornabstürze und setzt zum Gegenanstieg an. Wieder in Bayern queren wir wenig oberhalb des **Hintere Schafwanne** genannten Sattels an Kugelhorn und Knappenkopf leicht bergab schrofendurchsetzte, steile Grasflanken. Bald nach der prächtigen Schreckseewanne gewinnen wir Richtung Prinz-Luitpold-Haus die **Lahnerscharte**. Erneut die Grenze wechselnd genießt man auf teils fallender, teils flacher Route zwischen Latschen, über Gras und Geröll den sehr aussichtsreichen Gang über dem Schwarzwassertal. Unter Schänzlespitze und Schänzlekopf geht's mit einer ausgesetzten, drahtseilgesicherten Passage zum **Notländsattel**. Am Sattelkopf eine Rinne querend, beginnt unter der abschüssigen Lärchwand (Drahtseilsicherung) der stressige Schlussaufstieg im Zickzack durch den blockigen so genannten Kessel zur **Bockkarscharte**. Endgültig auf bayerischer Seite wandert man durch die Gras- und Schuttmulde Im Täle hinunter zum **Prinz-Luitpold-Haus**. Über die Weiden der Oberen Bärgündelealp und durch die Krummholzzone erreicht man auf dem Hüttenabstieg die **Untere Bärgündelealp.** Ab dort leitet ein Ziehweg zur Pointhütte und ein geteerter Alpweg durchs Bärgündele zum **Giebelhaus**, wo der Bus nach **Hinterstein** wartet.

Schwarzenberghütte, 1380 m

Kleiner Ausflug ins »Paradies«

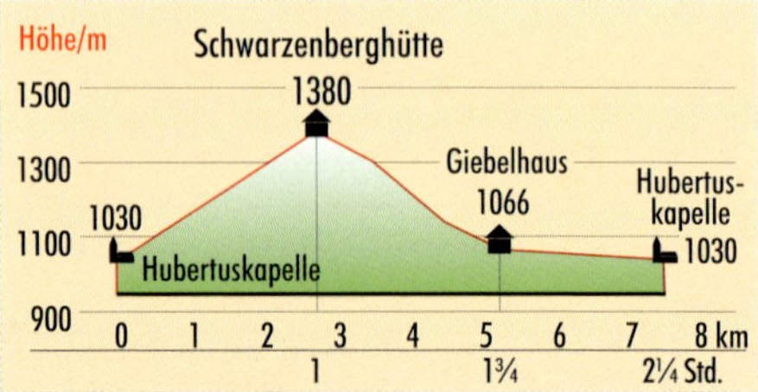

Ausgangspunkt: Hinterstein/Hubertuskapelle (Gemeinde Hindelang), Bushaltestelle, 1030 m; zu erreichen mit dem Bus auf einem Anliegersträßchen ab dem Hinterdorf von Hinterstein.
Gehzeit: Schwarzenberghütte 1 Std., Abstieg 1¼ Std.; gesamt 2¼ Std.
Charakter: Mäßig steiler Aufstieg. Steig und Alpwege überwiegend beschildert.
Einkehr: Schwarzenberghütte und Giebelhaus.
Karte: KOMPASS Nr. 3.

Diese entspannende Rundwanderung im romantischen Talschluss des Hintersteiner Tals, dem einstigen Jagdrevier des Prinzregenten Luitpold, kann je nach Belieben verlängert werden: entweder über die Käseralp zum hoch gelegenen Engeratsgundsee, oder aber sogar auf den Großen und Kleinen Daumen.

Gleich hinter der **Hubertuskapelle** tragen uns – über dem Giebelhaus den eleganten Grasspitz des Giebels im Visier – zwei Brücken über den Erzbach und die junge Ostrach. Danach weist uns die Beschilderung zur Schwarzenberghütte auf einen wenig anstrengenden Steig. Unter dem schrofigen, kaum bestiegenen Hengst wandern wir in zwei weiten Schleifen durch lockeren Bergwald, im Untergattern genannt. Auf einer beweideten Bergschulter, dem Unteren Schwarzenberg, begrüßt uns die bewirtschaftete **Schwarzenberghütte** der AV-Sektion Illertissen. Man heißt es dort

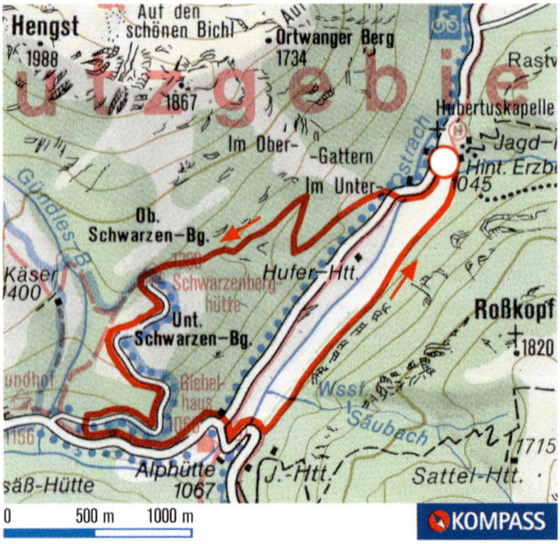

oben zurecht auch im Paradies. Während einer behaglichen Hüttenbrotzeit vor dem niedrigen Holzdoppelbau kann man in aller Seelenruhe die recht alpine Gipfelkulisse des Prinz-Luitpold-Hauses hoch über dem romantischen Bärgündele mit den beiden Unikaten Fuchskarspitze und Hochvogel bestaunen.
Jenseits des Gündlesbacheinschnitts züngelt im Osten die Laufbichelkirche wie eine Grasflamme empor zum doppelgipfligen Großen Daumen.
Den zu Beginn gemächlichen Alpwegabstieg über bunte Weideböden säumen viele alte, knorrige Ahornbäume. Bald tauchen die wenigen, teilweise ausgewaschenen und nur von Allradfahrzeugen zu meisternden Kehren wieder im Wald unter. Kurz vor dem Engeratsgundhof mündet unsere Route im Obertal in den weiter talwärts führenden, geteerten Alpweg zum **Giebelhaus** mit benachbarter Diensthütte. Kurz hinter dem stattlichen Berg gasthaus überschreiten wir erst den Obertalbach, dann den Bärgündelesbach. Beide Quellbäche verbinden sich hier zur Ostrach. Eine flache Naturfahrbahn leitet uns zum Schluss unter dem Roßkopf, den über einen Wasserfall niederstürzenden Säubach querend, durchs hinterste Hintersteiner Tal auswärts zur **Hubertuskapelle**.

Herbstliches Ahornleuchten.

39

Wiedemerkopf, 2163 m

Das Faltengesicht am Luitpoldhaus

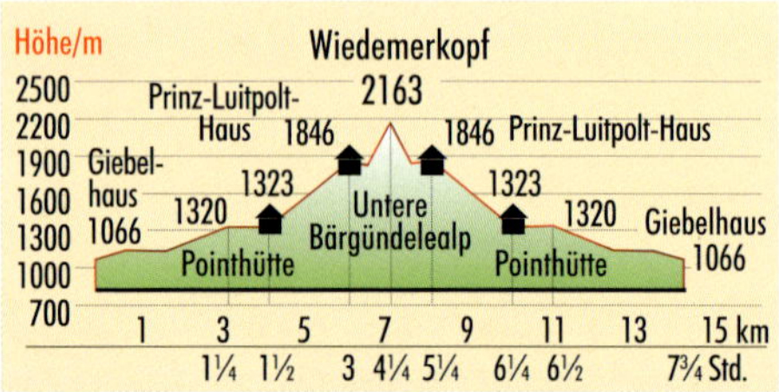

Ausgangspunkt: Hinterstein/Giebelhaus (Gemeinde Hindelang), Bushaltestelle, 1066 m; zu erreichen mit dem Bus auf einem Anliegersträßchen ab dem Hinterdorf von Hinterstein.
Gehzeit: Prinz-Luitpold-Haus 3 Std., Wiedemerkopf 1¼ Std., Abstieg 3½ Std.; gesamt 7¾ Std.
Charakter: Für den steilen, ausgesetzten und gesicherten Gipfel in zum Teil unzuverlässigem Fels mit leichter Kletterei (I) ist Trittsicherheit und alpine Erfahrung notwendig. Überwiegend bezeichnete Steige und Steigspuren sowie Alpwege.
Einkehr: Untere Bärgündelealp und Prinz-Luitpold-Haus.
Karte: KOMPASS Nr. 3.

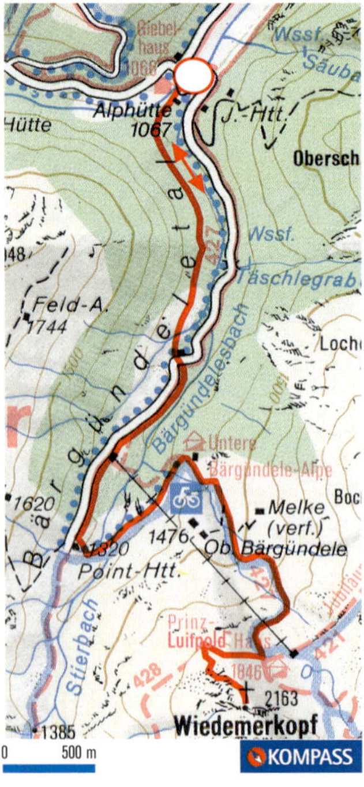

Die Tafel Richtung Luitpoldhaus zeigt am **Giebelhaus** den Kurs zu der charaktervollen Dolomitburg nahe des Hochvogels. Nach der Obertalbachbrücke verlassen wir das Sträßchen Richtung Bärgündele. Hinter der benachbarten Alphütte überwindet ein Steig einen kleinen Weidehang. Bald geht's unbeschwert durch lockeren Mischwald an der Nordostflanke des Giebels entlang. Wieder auf dem nun schmäleren Alpweg mit einer Serpentine wandern wir meist über Weiden. Auf der Karschwelle zwischen Fuchskarspitze und Wiedemerkopf erkennt man das Luitpoldhaus. Nach der Materialseilbahn ziert eine 2000jährige Eibe den

Der Wiedemerkopf – ein aufgeschlagenes Lehrbuch der Geologie.

Wegesrand. Noch vor der **Pointhütte** ist das Schild »Alpe Bärgündle« zu beachten. Ein überwiegend flacher Ziehweg quert auf einer Holzbrücke den Stierbach. Im Talschluss fesselt der kecke Schneck. Auf Eisenstegen werden zwei weitere Bäche gequert, bevor die **Untere Bärgündelealp** zur Rast lädt. Der ab und an felsige Steig an einem Wasserfall vorbei durch die Krummholzzone und über die Weiden der Oberen Bärgündelealp weist nur kurze stärkere Steigungen auf. Stege überbrücken zwei Sturzbäche. Nach dem Absolvieren eines Geröllhatschers am Fuß des Wiedemers kommen wir zum **Prinz-Luitpold-Haus**.

In einer kleinen Seemulde kann man das skurrile Faltengesicht des Gipfelziels recht eindrucksvoll bewundern.

Das Schild »Kempter Hütte« verlangt wenig unterhalb des Hauses eine kurzzeitig steinschlaggefährdete Querung am Rand der Geröllhalde. An der anschließenden Gabelung folgen wir dem oberen Grassteig zum Einstieg in die Felsen. Die pfiffige, gelegentlich ausgesetzte und durch alte Drahtseile gesicherte Route über die Nordwestflanke weist nur sparsame, verblasste Markierungen auf. Steile Aufschwünge und schuttbedeckte Passagen beinhalten einfache Kletterstellen (I) in manchmal brüchigem Fels. Der **Wiedemerkopf** ist kein ausgeprägter Gipfel, sondern nur ein Vorsprung des zerhackten Kammes, den der Kreuzkopf nach Norden entsendet.

Kühgundspitze, 1890 m, und Iseler, 1876 m

Drei-Gipfel-Tour mit dem gewissen Etwas

Ausgangspunkt: Oberjoch (Gemeinde Hindelang), Bushaltestelle am Großparkplatz, 1150 m.
Gehzeit: Kühgundspitze 2¼ Std., Iseler ¾ Std., Abstieg 1¾ Std.; gesamt 4¾ Std.
Charakter: Unterschiedlich steile Anstiege. Abschüssige und einfache felsige Passagen erfordern Trittsicherheit. Gut bezeichnete Steige und kurze Alpwege.

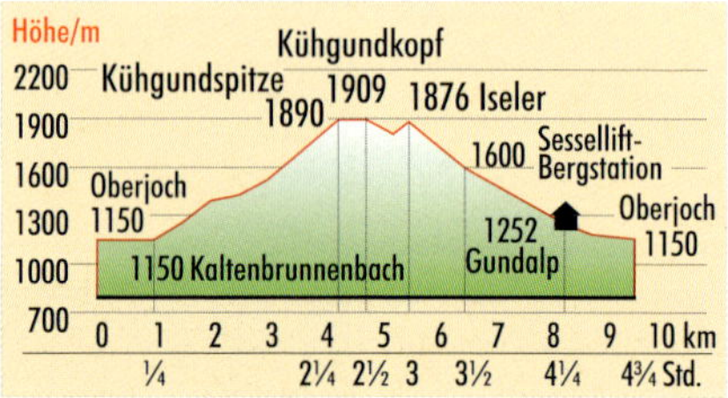

Einkehr: Wiedhaghütte (kleiner Abstecher) und Gundalp.
Karte: KOMPASS Nr. 3.

Als Ausgangspunkt für die befreiende Kammüberschreitung wählen wir den Großparkplatz in **Oberjoch**. Der Grenzweg begleitet die ins Tannheimer Tal führende B 308 zum Wiedhaglift. Nach der Brücke über den Kaltenbrunnenbach weist das Schild »Wiedhaghütte« auf einen durch lockeren Bergwald leitenden Ziehweg, der bald von einem gemütlichen Steig abgelöst wird. An einer Verzweigung auf den gewohnten Wegweiser achtend queren wir eine wüste Sturzbachrinne, über der die Route an Steigung zulegt. Bei der Wiedhag-Skiabfahrt verlassen wir den Kurs zur Wiedhaghütte und wechseln die Melchebachrinne.

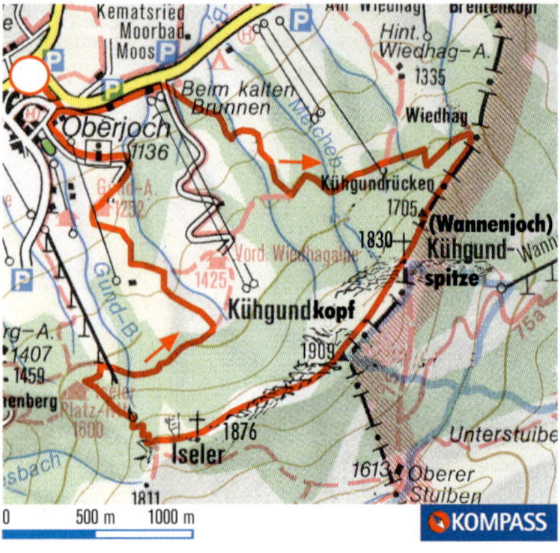

An der Grenzwies-Bergstation geht's unter dem Schlepplift hindurch und unterschiedlich steil durch die Krummholzzone zum Kühgundrücken.

Entlang der Landesgrenze verschmälert sich der urplötzlich kräftig anziehende Rücken zu einem von Latschen bewachsenen und später nur noch zwischendurch steilen Grat. Leichte Felsstufen mit Blick zu den Tannheimer Kalkspitzen verlangen ein gelegentliches Hand anlegen. Nach Querung eines abschüssigen Schrofenhangs erreicht man die **Kühgundspitze**, bei den Tirolern Wannenjoch genannt.

Zum etwas höheren **Kühgundkopf** schalten sich ein paar begrünte Erhebungen ein. Über imponierenden Schuttreißen und an anregenden Felsenfenstern vorbei bummelnd, fällt der Südwestkamm kaum ab. Der Weiterweg entpuppt sich dann latschiger und deutlich einfacher als der Aufstieg.

Von einem Sattel folgt ein kurzer Gegenanstieg mit ein paar felsigen Stufen zum **Iseler**. Ein breiter Steig leitet uns jetzt durch Latschengassen, anfangs einen Gratrücken benützend, später im Zickzack Richtung Oberjoch über die Nordseite. Ab der Bergstation des Sessellifts lassen wir uns wieder vom bekannten Wegweiser »Wiedhaghütte« den Kurs angeben. Nach einem Schuttkar nehmen wir kurz vor der Wiedhaghütte, auch Vordere Wiedhagalp genannt, die Abzweigung über ein vergnügliches Weidegebiet zur **Gundalp**. Ein geteerter Alpweg bringt uns in Kürze nach **Oberjoch**.

Auf dem Iseler.

41

Rohnenspitze, 1990 m

Kraxelei über dem westlichen Tannheimer Tal

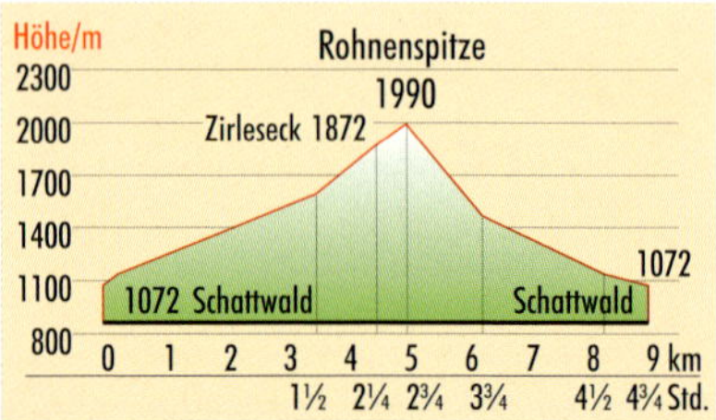

Ausgangspunkt: Schattwald (Tirol), Bushaltestelle in der Ortsmitte, 1072 m; Parkplatz an der Wannenjochbahn.
Gehzeit: Zirleseck 2¼ Std., Rohnenspitze ½ Std., Abstieg 2 Std.; gesamt 4¾ Std.
Charakter: Längerer steiler Auf- und Abstieg. Für die einfachen Kletterstellen (I) im ausgesetzten Schrofengelände zum Gipfel mit einer gesicherten Stelle ist Trittsicherheit und Übung erforderlich. Ausreichend markierte Pfade und Steige sowie kurze Alpwegabschnitte.
Karte: KOMPASS Nr. 4.

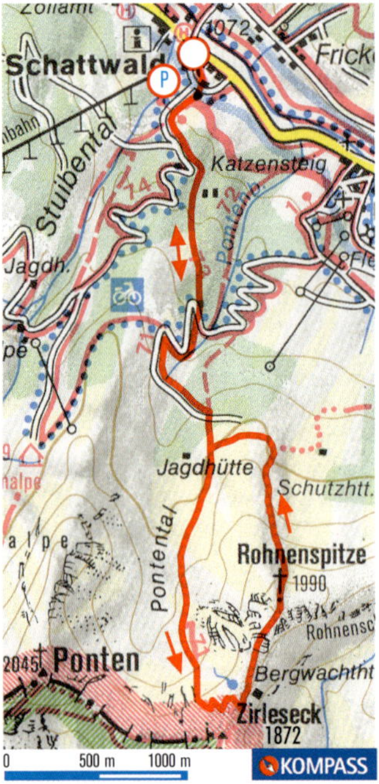

Die zwischen Gaishorn und Ponten vom Allgäuer Hauptkamm nach Norden vorspringende Rohnenspitze (auch Rhonenspitze) bietet Erfahrenen eine genussvolle Überschreitungsmöglichkeit. Das Sträßchen am Schattwaldbach führt uns ab der Ortsmitte von **Schattwald** hinauf ins Stuibental. An der ersten Alpweggabelung folgen wir der bald in einen Pfad wechselnden Route über Weiden ins Pontental. Dort schwenkt der Kurs nach wenigen Forstwegwindungen östlich ab. Die Tafel »Rohnenspitze« zeigt in eine ausgeschneiste Mulde. An einer Pfadkreuzung halten wir uns Richtung Zirleseck und durchstreifen zwischen Rohnenspitze und Ponten das lichter werdende, kleine Hochtal. In der Karwanne teilt sich der Aufstieg.

Wir wählen das gestufte Grasgelände des rechten Steiges. Ein-

Der Aufstieg über die Südseite der Rohnenspitze gestaltet sich abwechslungsreich.

heizende Latschenhänge leiten empor auf das **Zirleseck**. Dort eröffnet sich uns ein schöner Einblick in die Hintersteiner Berge. Über dem ebenfalls grünen Zerrerköpfle bestimmt das Gaishorn-Trapez die Szene.
Durch eine nicht besonders steile, drahtseilgesicherte Rinne geht's nun um einen Felskopf herum, empor zu einem Schrofenrücken, der ab und an Hand anlegen erfordert. Die Kletterstellen (I) des folgenden Aufschwungs erweisen sich als technisch unproblematisch, setzen wegen ihrer Steilheit aber Aufmerksamkeit voraus.
Mit geringem Höhenverlust gelangt man in eine Scharte. Auf nur noch spärlich markierter Route mogelt man sich an kleinen Felszacken etwas ausgesetzt rechts vorbei und gewinnt zuletzt durch eine steile Schrofenmulde die **Rohnenspitze**.
Was für ein Rundblick: das Wettersteingebirge, die Mieminger-kette, die Lechtaler Alpen, neben der bulligen Gaishorn-Nordflanke der majestätische Hochvogel und natürlich in unmittelbarer Nähe die rassigen Tannheimer.
Hoch über dem Talgrund leitet jetzt der von anfangs zwergwüchsigen Latschen und winzigen, arg geschundenen Wetterfichten gekleidete Nordrücken mit mehreren Absätzen zurück zur Aufstiegsroute, die uns nach **Schattwald** bringt.

Rauhhorn, 2240 m

Felsabenteuer hinterm Vilsalpsee

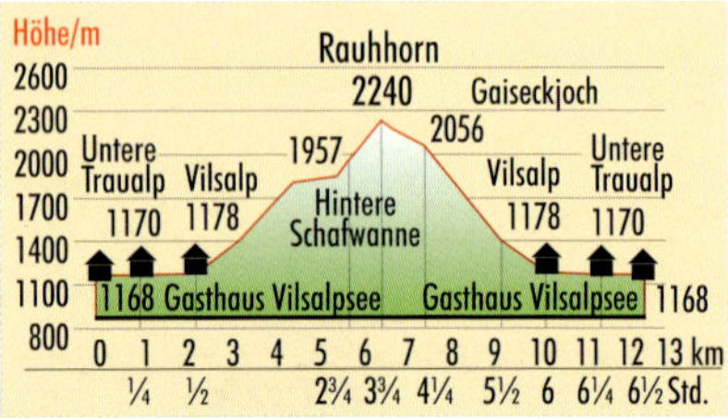

Ausgangspunkt: Tannheim/ Gasthaus Vilsalpsee (Tirol), Bushaltestelle (Parkplatz), 1168 m; Zufahrt von 10–17 Uhr gesperrt.
Gehzeit: Hintere Schafwanne 2¾ Std., Rauhhorn 1 Std., Abstieg 2¾ Std.; gesamt 6½ Std.
Charakter: Anhaltend steile Auf- und Abstiege. Für die lange Überschreitung mit leichter Kletterei (I+) in meist solidem Fels und einer gesicherten Moralstelle ist Trittsicherheit, Schwindelfreiheit und Erfahrung erforderlich. Gut markierte Steige, anfangs Wirtschaftsweg. Nur bei verlässlichem Wetter!
Einkehr: Unt. Traualp, Vilsalp, Ghs. Vilsalpsee.
Karte: KOMPASS Nr. 4.

Den Auftakt zu unserem Grenzerlebnis im doppelten Sinne bildet das Ostufer des malerischen Vilsalpsees. Ein zu Beginn geteerter Wirtschaftsweg führt vom **Gasthaus Vilsalpsee** an der Unteren Traualp mit E-Werk vorbei und über Feuchtwiesen zur **Vilsalp**. Die Tafel Richtung Gaishorn zeigt hinter der Alphütte auf einen Steig, der durch lockeren Mischwald und jenseits eines Bachgrabens über steinige Weiden erst noch erholsam ansteigt.

Nach einer zweiten Querung des nun mit Buschwerk bewachsenen Bergbachs überwinden Kehren steilere Grashänge. An einer Gabelung links haltend, umrundet die Route über Geröllströme die zerborstenen Rauhhornabstürze und setzt zum Gegenanstieg in den **Hintere Schafwanne** genannten Sattel an.
Der lange, schrofenbesetzte Rauhhorn-Südgrat verlangt ab einer Grasschulter gute Nerven und Konzentration. Nach einer ausgesetzten felsigen Passage schaltet sich wenig westlich unterhalb des Grates eine kleine Erholungsetappe ein, bevor man mit gelegentlichem Zupacken am Fuße eines Schrofenkopfs über eine teilweise schuttige Felsrampe (I) empor turnt. Die meist anregend steilen, griffigen Stufen am direkten Grat (I+) im mittleren Teil bereiten eine Menge Vergnügen. Auf dem zum Schluss bequemen Grat werden zwei unangenehme Einschartungen östlich umgangen. Die Rundschau vom **Rauhhorn** präsentiert die ganze geologische Vielfalt der Allgäuer Alpen.
Der Abstieg beginnt mit einem lotrechten und abdrängenden, aber drahtseilgesicherten Felsabbruch mit guten Griffen (I+). Bald darauf setzt ein kurzer Riss nochmals etwas Kletterfertigkeit voraus. Der nun weniger stark abfallende Gratverlauf wird im später teilweise schuttbedeckten Gelände westlich umgangen. An der wieder spärlich begrünten Bergflanke entlang spazieren wir zum Sattel namens Vordere Schafwanne. Ein Stück unterhalb vom **Gaiseckjoch** mündet der steile Zickzackabstieg in die bekannte Route zum **Gasthaus Vilsalpsee**.

Das Rauhhorn von Norden, rechts der Südgrat.

Schochenspitze, 2069 m

Königlicher Hüttenstandpunkt und Blumengipfel

Ausgangspunkt: Tannheim/Gasthaus Vilsalpsee (Tirol), Bushaltestelle (Parkplatz), 1168 m; Zufahrt von 10–17 Uhr gesperrt.
Gehzeit: Landsberger Hütte 2 Std., Schochenspitze 1 Std., Abstieg 2¾ Std.; gesamt 5¾ Std.
Charakter: Für die kurze gesicherte Steiganlage zur Landsberger Hütte ist Trittsicherheit erforderlich. Längere steile Aufstiege. Gut bezeichnete Steige, zu Beginn Wirtschaftsweg.

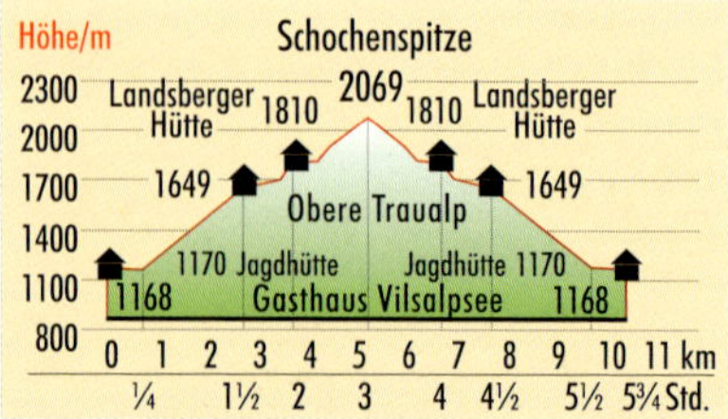

Einkehr: Obere Traualp und Landsberger Hütte.
Karte: KOMPASS Nr. 4.

Wir rüsten uns am **Gasthaus Vilsalpsee** zu einem der schönsten Hüttenaufstiege der Allgäuer Alpen. Ein erst geteerter Wirtschaftsweg führt am Ostufer des gleichnamigen Bergsees zu einer kleinen Jagdhütte. Dort begeben wir uns auf den zum Teil mit Holzstufen angelegten Steig Richtung Landsberger Hütte. In anstrengender Manier mühen wir uns durch den Wald hinauf, queren eine Bachrinne und kommen auf der folgenden Lichtung unter einem in zarten Silberfäden über die Abbrüche der Blässe rieselnden Wasserfall vorbei.

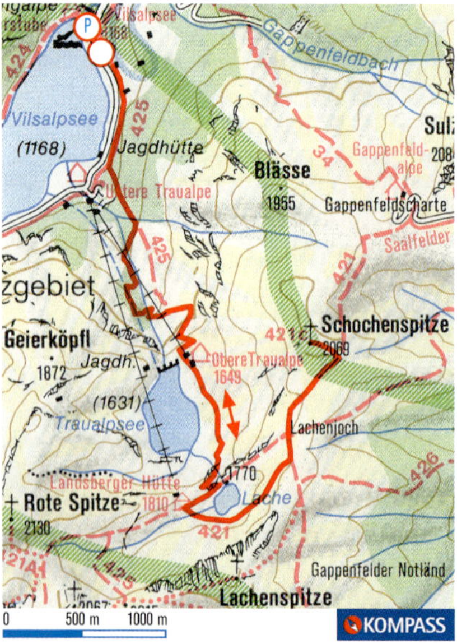

Vor einem unfreundlichen Felsriegel steigen wir durch die Krummholzzone empor und haben uns nach der Hangquerung am Fuß eines mehrstufigen Wasserfalls

Traualpsee mit Gaishorn.

mit knackigen Kehren anzulegen. Hübsche Seetiefblicke und die Aussicht zum Gaishorn zwingen zu Pausen. Wir kommen zur Karschwelle des Traualpsees, wo die **Obere Traualp** steht. Schiffsbugartig wölbt sich die Rote Spitze auf.
Eine Erholungsetappe führt unter der Steilflanke der Schochenspitze über Weideböden, bevor bei einem weiteren Wasserfall zwischen letzten Fichten und Zirben ein langer und schweißtreibender, drahtseilgesicherter Felssteig ansetzt. Auf pfiffige Art und Weise überlistet dieser die abweisende obere Karschwelle mit der **Landsberger Hütte**, überragt von der trutzigen Lachenspitze.

Der Steig Richtung Schochenspitze, der Saalfelder Höhenweg, quert hinter der Lache eine Schutthalde und überwindet in angenehmer Steigung den Grashang zu einem Sattel, **Östliches Lachenjoch** genannt.
Nach einem Flachstück wandern wir durch eine grüne Mulde hinauf zum Schochensattel und erreichen in wenigen Minuten über den nicht besonders steilen Ostrücken die **Schochenspitze**. Jenseits des Birkentals mit den zirbengeschmückten Gappenfeldern wachsen die Leilachspitze und die kecken Felszähne des Luchskopfgrates in den Himmel, dahinter grüßen die Lechtaler Alpen.

44

Obere Strindenalp und Haldensee

Beschaulich vom Berg ins Tal

Ausgangspunkt: Tannheim (Tirol), Bushaltestelle am Kreisverkehr im östlichen Ortsteil (Parkplatz), 1100 m.
Gehzeit: Obere Strindenalp ¾ Std., Haldensee 1¾ Std., Rückweg 1 Std.; gesamt 3½ Std.
Charakter: Außer dem problemlosen, gesicherten Steilaufschwung am Neunerköpfle keine Aufstiege. Gut beschilderte Alp- und Wirtschaftswege, kurzer Steig und Pfadabschnitt.

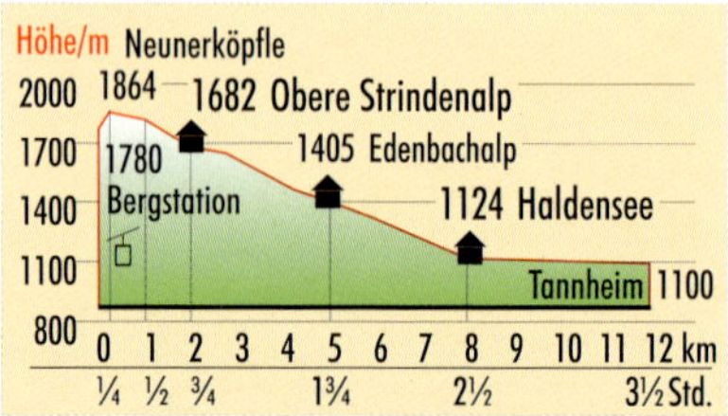

Einkehr: Obere Strindenalp, Edenbachalp, in Haldensee (kleiner Abstecher).
Karte: KOMPASS Nr. 4.

Diese unbeschwerte Rundtour mit Aufstiegshilfe erschließt das beliebte Bergreich über dem zentralen Tannheimer Tal. Die Gondel der Vogelhornbahn schaukelt uns von Tannheim zur **Bergstation** (in der Nähe die Gundhütte). Ein Steig leitet in Kürze über einen drahtseilgesicherten Steilaufschwung zum begrünten **Neunerköpfle** mit ausgezeichnetem Rundblick. Nach unbedeutendem Pfadabstieg in ei-

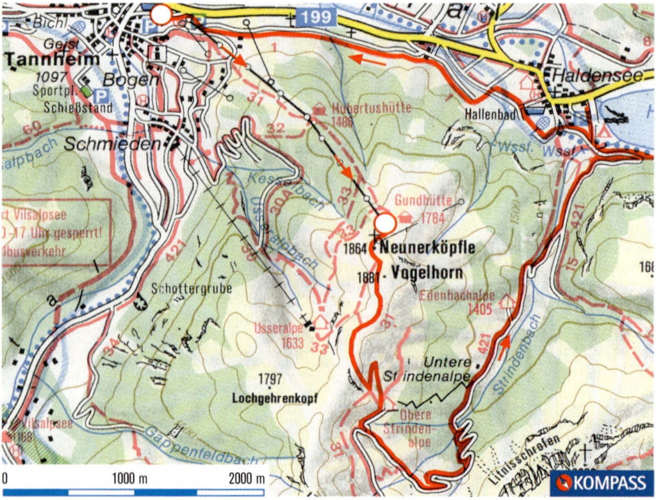

Tannheimer Kletterwand

Im Gebäude des Tourismusverbandes in Tannheim können auch Anfänger und Kinder an einer modern eingerichteten, pfiffigen Kletterwand ihren Mut unter Beweis stellen. Bergrettung und Bergwacht haben in der mehr als 10 m hohen Kletteranlage mit einer vertikalen bis stark überhängenden, 130 m² großen Aktionsfläche 25 spannende Routen unterschiedlicher Schwierigkeitsgrade eingerichtet und farblich gekennzeichnet. Mitzubringen sind lediglich Kletterschuhe oder Turnschuhe mit weißer Sohle sowie ein Klettergurt. Die ganz Kleinen können während der elterlichen Schwerkraftverleugnung in derselben Halle den kostenlosen Kindergarten mit Spielplatz testen. Öffnungszeit: täglich 10.00-22.00 Uhr.

nen Sattel quert man den locker bewaldeten Westhang des Vogelhorns und gelangt über einen sanft fallenden Graskamm, die Sulzspitze vor Augen, bergab in einen weiteren Sattel. In zwei Alpwegschleifen erreicht man über ein Weidegebiet die **Obere Strindenalp**. Jenseits des hintersten Strindentals baut sich das gegliederte Massiv des Litnisschrofens mit seinen öden Schuttkaren auf.

Serpentinen schlängeln sich nach einem Flachstück in den wildromantischen Talschluss. Wir queren am unteren Rand der Krummholzzone den Strindenbach und bummeln talauswärts an der Unteren Strindenalp vorbei und über weitere Alpweiden. Unterhalb der **Edenbachalp** müssen wir nochmals das Bachufer wechseln. Über dem bald tief eingeschnittenen Wildbach verengt sich das nun waldige Hochtal. Nach einem in den Fels gesprengten Wegstück erwarten uns reizvolle Ausblicke in die nahe Südwand der Roten Flüh sowie zum spitzen Aggenstein. Eine Schleife bringt uns zurück ins Tannheimer Tal und hinter der Strindenbachbrücke ein kleiner Abstecher zum **Haldensee**.

Zurück an der Brücke halten wir uns auf einem zu Beginn geteerten Wirtschaftsweg Richtung Tannheim. Am Ortsanfang von Haldensee folgen wir dem aussichtsreichen und bequemen Rundwanderweg, auch Wiesenweg genannt. Anfangs in der Talsohle, später etwas oberhalb dieser, gelangt man mit Einsteinblick wieder nach **Tannheim**.

Haldensee mit Roter Flüh.

45

Einstein, 1866 m

Auch Schattenseiten haben ihre Reize

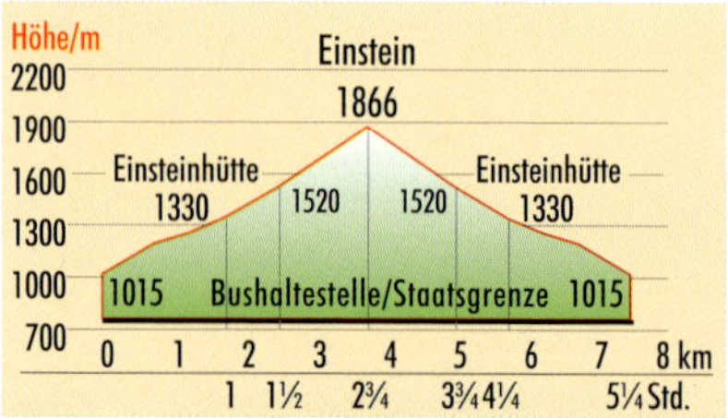

Ausgangspunkt: Grän/Staatsgrenze, Bushaltestelle Deutsch-Österreichische Grenze (Parkplatz), 1015 m.
Gehzeit: Einsteinhütte 1 Std., Einstein 1¾ Std., Abstieg 2½ Std.; gesamt 5¼ Std.
Charakter: Für die leichte, dürftig gesicherte Kletterei (I) in unzuverlässigem, abschüssigem Schrofengelände zum Kamm ist Trittsicherheit und große Sorgfalt notwendig. Längere Steilaufstiege. Gut bezeichnete Steige und Pfade, kurze Abschnitte auf Forstweg und über weglose Weiden. Im Spätherbst ungeeignet, Vorsicht bei Nässe.
Karte: KOMPASS Nr. 4.

Unser mit kniffligen Schrofenpartien gewürzter Nordaufstieg zum isoliert stehenden Felsgipfel zwischen Engetal und Tannheimer Tal startet bei der Bushalte-

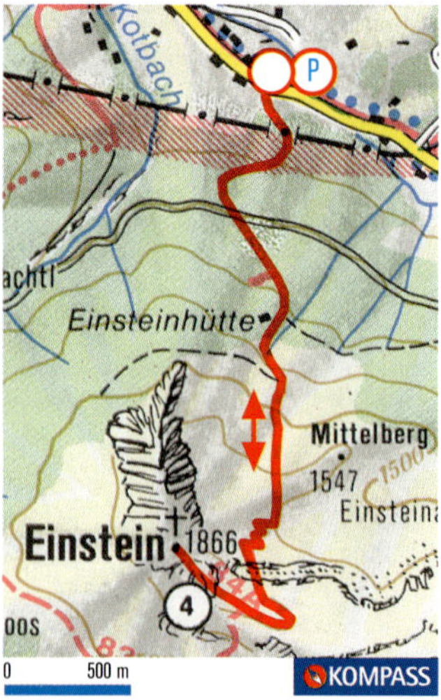

stelle an der **Staatsgrenze**. Auf der südlichen Straßenseite lenkt an einem Stadel der Wegweiser »Einstein« über eine weglose Weide. Gleich darauf schwingt sich ein meist spürbarer Steig über teilweise vom Windwurf gelichtete Waldhänge empor. An der Gabelung nach einer kurzen flachen Forstwegetappe beachten wir das gewohnte Schild.

Vor uns erhebt sich der Schönkahler, hinter uns besticht die rassige Felszinne des Aggensteins. Noch eine erholsame Serpentine, dann wechselt die Route in einen Ziehweg, wenig später wieder in einen Steig. Auf einer Geländestufe mit bescheidenen Weideböden steht die kleine **Einsteinhütte**, über uns das schroffe Gipfelziel.

Die nun folgende ganz kurze Grasspur wird in einem Wald-

fleck von einem Pfad abgelöst. Es schließt sich ein erholsames, größeres Alpgebiet an. Ab der nächsten Verebnung treibt der über eine gerölldurchsetzte Flanke kletternde Zickzacksteig unweigerlich die Schweißperlen auf die Stirn. Unter dem Felsfuß queren wir nach Osten. Darauf verlangt die hohe Stufe im linken Bereich einer etwas abschreckenden Schrofenpassage eine leichte, aber dennoch aufmerksame Klettereinlage (I).
Die bald danach auftauchende, mit uralten Drahtseilknoten entschärfte Felsplatte setzt nochmals bedächtige Kletterei (I) mittels unangenehm knapper und dazu abgespeckter Tritte voraus. Besser umgeht man diese Gefahrenstelle mit entsprechender Bedachtsamkeit links über recht brauchbare Graspolster.
Zuletzt wagt man sich dann ohne weitere Schwierigkeiten über die respekteinflößende, abschüssige Nordseite des Kammes. Kurz darauf mündet unser Kurs in den Anstiegsweg von Tannheim. Zwischen Latschen leiten einfache, reizvolle Felsstufen über den Südostrücken zum **Einstein**, der dank seiner Alleinherrschaft eine vortreffliche Aussichtswarte abgibt.

Unter dem Gipfelaufbau des Einsteins treffen die beiden unterschiedlich schweren Aufstiege über die Süd- und die Nordseite zuammen.

Brentenjoch, 2000 m, und Roßberg, 1948 m

Einsamer Charakterberg in vorderster Front

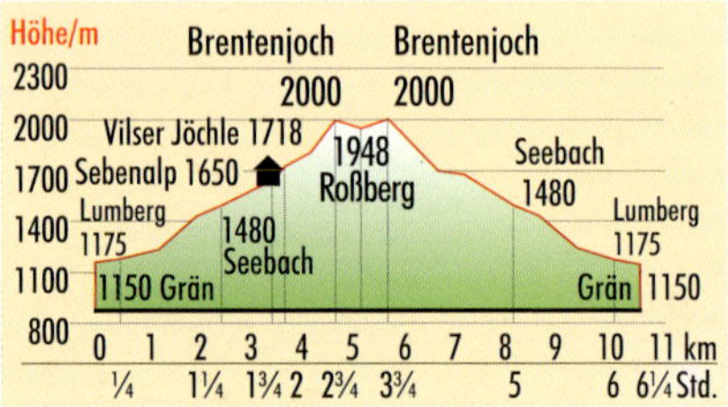

Ausgangspunkt: Grän (Tirol), Bushaltestelle Lumberger Hof am nördlichen Ortsrand, 1150 m; Parkplatz kurz vorher.
Gehzeit: Brentenjoch 2¾ Std., Roßberg ½ Std., Abstieg 3 Std.; gesamt 6¼ Std.
Charakter: Für den Roßberg-Übergang mit leichten, ausgesetzten Kletterstellen (I) in festem Fels und den Westgratabstieg sind Trittsicherheit und Schwindelfreiheit erforderlich. Kurze Steilstücke. Steige und Pfad zum Teil bezeichnet, anfangs Forstweg. Nur für Erfahrene, Vorsicht bei Nässe!
Einkehr: Sebenalp.
Karte: KOMPASS Nr. 4.

Der Aufstieg zu dem nordseitig wuchtigen Doppelgipfel in den Vilser Bergen beginnt am Lumberger Hof in **Grän**. Wir folgen dem Sträßchen zum Ortsteil Lumberg und halten unterm Seichenkopf auf den Aggenstein zu. Kurz vor Enge wählen wir den Forstweg über Weiden Richtung Bad-Kissinger-Hütte. Ein spürbar steigender Steig kürzt durch Fichtenwald ein paar Kehren ab.
Das Schild »Sebenalpe« weist erneut auf den Forstweg, den wir gleich wieder auf einem Pfad verlassen. Dieser

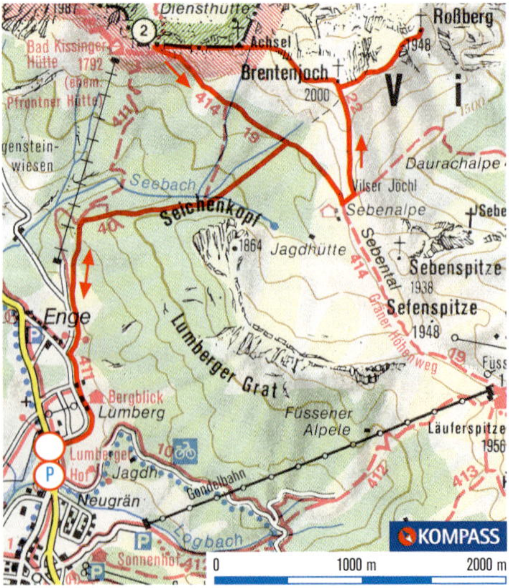

Roßberg vom Brentenjoch.

kreuzt wenig später nochmals den breiten Weg. Anschließend schleichen wir hinein in das dicht bewaldete Tälchen des Seebachs. Ein Steg wechselt das Bachufer, dann steigt der Kurs wieder deutlicher an. Vom Waldende ist es nicht mehr weit zur kleinen **Sebenalp** auf einer Karschwelle, umrahmt vom einsamen Bergrund.
Ein Steig bringt uns zwischen Krummholz und letzten Fichten ins **Vilser Jöchle**. Mit Ausblicken zum Forggensee und zu den Tannheimer Kalkzacken folgt durch eine Latschengasse eine ostseitige Hangquerung, bevor der zunehmend freiere, zuletzt geröllbedeckte Südrücken auf das **Brentenjoch** leitet. Auf einem undeutlichen Steig folgen wir nun dem latschenbewachsenen, ab und an leicht schrofigen Nordostgrat. Beim Aufstieg zu einer kleinen Zwischenerhebung wird eine unangenehme Felspartie an einer Verschmälerung links mittels zuverlässiger Tritte etwas ausgesetzt umgangen.
Vor einem schwierigen, fast senkrechten Abbruch zwingt eine Umgehung rechts in abschüssigem Gelände zu einer leichten, solide gestuften Kletterei (I). Über einen einfachen Rücken gelangt man zum vorspringenden **Roßberg**. Zurück auf dem **Brentenjoch**, führt ein teilweise erdiger Steig über den anfangs flachen Westgrat. Später amüsiert der dichte, ausgeschneiste Latschenwuchs. Im Bereich der Abstürze sollte man Vorsicht walten lassen. Erst im Sattel vor dem Aggenstein mündet der Abstieg links wieder in eine markierte Route. Nach unwesentlichem Gegenanstieg wandern wir über einen Weidehang und durch lichten Wald zum bekannten Weg nach **Grän**.

Otto-Mayr-Hütte und Vilser Scharte

Alpine Szene über dem Raintal

Ausgangspunkt: Grän (Tirol), Bushaltestelle an der Gondelbahn (Parkplatz), 1200 m.
Gehzeit: Otto-Mayr-Hütte 1½ Std., Vilser Scharte ¾ Std., Rückweg ¾ Std.; gesamt 3 Std.
Charakter: Für den etwas ausgesetzten Abschnitt an der Läuferspitze ist Trittsicherheit angebracht. Längerer steiler Aufstieg zur Vilser Scharte. Gut bezeichnete Steige und Pfade.

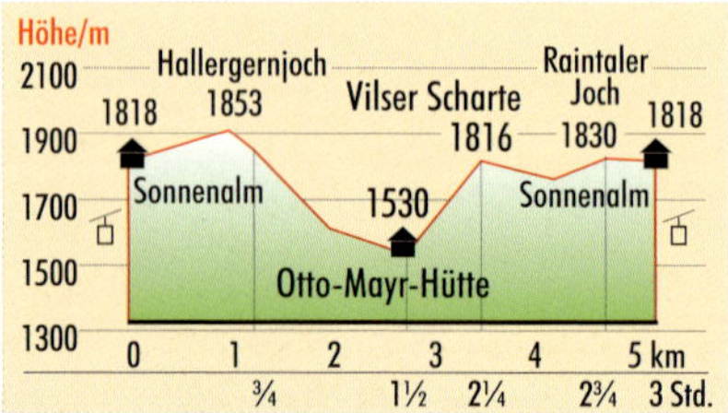

Einkehr: Sonnenalm, Füssener Hütte und Otto-Mayr-Hütte.
Karte: KOMPASS Nr. 4.

Bis zu stolzen 700 m überragen die dolomitenartigen Tannheimer Nordwände das hintere Raintal, eines der wildesten und gleichsam romantischsten Allgäuer Hochtäler. Diese einprägsame Höhenwanderung offeriert die begeisternden Riesen-Felsenleiber aus den unterschiedlichsten Blickwinkeln.
Wir fahren von Grän mit der Gondelbahn zum Füssener Jöchl, wo auch die **Sonnenalm** steht. Ein Steig führt über eine kleine Latschenkuppe zur Gabelung an der Läuferspitze und unter deren Ostabstürzen ins Raintaler Joch, genauer gesagt knapp daran vorbei. In mitunter etwas abschüssigem Schrofengelände geht es durch eine Rinne leicht bergan zu einer Scharte. Zwischen Latschen bummeln wir westlich unterhalb des unscheinbaren Hallerschrofens entlang und mit Tiefblick ins Tannheimer Tal kurz bergab ins **Hallergernjoch** vor dem Schartschrofen. Nach dem anfänglichen Steilstück, in ein paar Pfadkehren durch eine Grasmulde talwärts Richtung Otto-Mayr-Hütte, quert man den jungen Sababach. Jenseits des Hochtals bäumt sich die Gimpel-Nordwand auf.

Man spaziert nun unter dem Hahnenkopf zwischen Fichtengruppen über dürftige Weidehänge und am Alpenblumengarten der Füssener Hütte vorbei, zur **Otto-Mayr-**

In der Vilser Scharte öffnet sich der Blick zu Sefenspitze und Sebenspitze.

Hütte am Fuß der Großen Schlicke. Ganz in der Nähe gesellt sich noch die kleine Willi-Merkl-Hütte hinzu. Als atemberaubender Felsdom baut sich die Kellespitze auf.

Direkt an der Hütte beginnt der Steig zur Schlicke. Nach einem freien Hangstück wandert man an einer Verzweigung im lichten Wald noch Richtung Schlicke und achtet an der folgenden Verzweigung auf das Schild »Vilser Sennalpe u. Vils«. Über steile Latschenhänge steigt man hinauf zur **Vilser Scharte**. Über dem Talkessel der Vilser Alp zeigt sich die hügelreiche Ostallgäuer Moränenlandschaft.

Zuletzt queren wir auf einem Pfad unter dem Schrofenkamm des Hahnenkopfs gemütlich durch Latschengassen hinüber ins **Raintaler Joch**, wo uns nach einem kleinen Gegenanstieg die bekannte Route zur **Sonnenalm** bringt.

Schartschrofen, 1973 m

Klettersteig-Turnerei mit Haldensee-Tiefblick

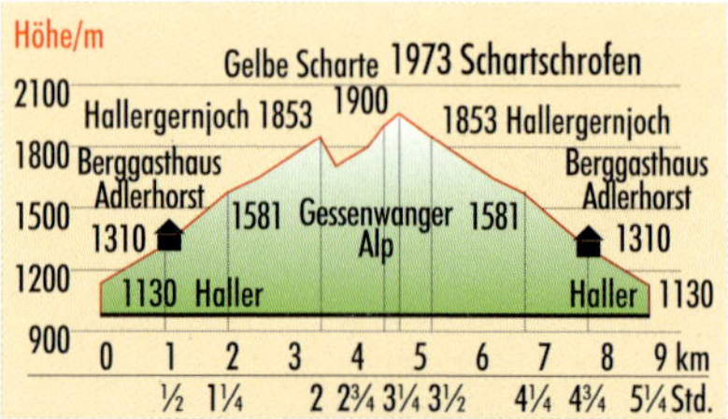

Ausgangspunkt: Nesselwängle/Haller, Bushaltestelle am westlichen Ortseingang, 1130 m; Parkplatz am östlichen Ortsrand.
Gehzeit: Hallergernjoch 2 Std., Schartschrofen 1¼ Std., Abstieg 2 Std.; gesamt 5¼ Std.
Charakter: Für den nicht ganz einfachen, ausgesetzten Friedberger Klettersteig (I+) in etwas brüchigem Fels ist Trittsicherheit, Schwindelfreiheit und alpine Erfahrung sowie die Benützung von Klettergurt und Steinschlaghelm Voraussetzung. Längere steile Auf- und Abstiege. Gut bezeichnete Steige und Pfade. Nicht bei Nässe oder Gewittertendenz!
Einkehr: Berggasthaus Adlerhorst.
Karte: KOMPASS Nr. 4.

Der gezwungenermaßen etwas umständliche Anstieg zu unserem Eisenweg im Tannheimer Hauptkamm beginnt am westlichen Ortsrand von **Haller**.
Wir achten bei der Kapelle im Dorf auf den Wegweiser zum **Berggasthaus Adlerhorst**, das wir auf dem sogenannten Waldweg erreichen, einem breiten Steig. Die heimelige Einkehr macht ihrem Namen alle Ehre. Dort folgen wir dem Wanderweg Richtung Füssener Jöchl, der an der Kreuzung auf einer Anhöhe in einen Pfad wechselt. Durch Wald geht es in angenehmer Steigung zu der auf einer Lichtung auftauchenden **Gessenwanger Alp**. Beherrschendes Gipfelpaar sind die Rote Flüh und der Gilmenkopf.
Ab der Einsattelung hinter einem Waldflecken wandert man über einen schmalen Rü-

cken. An einer Gabelung zweigt man von der gewohnten Route auf den Steig Richtung Schartschrofen ab. Dieser überwindet in einer Schleife den deutlich ansteigenden Latschenhang ins **Hallergernjoch**.

Nach dem Steilabstieg in Pfadkehren durch eine Grasmulde Richtung Otto-Mayr-Hütte zweigen wir an der Routenteilung über dem hintersten Raintal rechts ab und umgehen die Ostabstürze des Schartschrofens. Auf einem zuletzt in anstrengenden, abschüssigen Serpentinen einen unangenehmen Schutthang überlistenden Steig gewinnen wir am Westgratansatz der Roten Flüh die **Gelbe Scharte**.

Hier beginnt nun der respekteinflößend steile, rund 70 m hohe Friedberger Klettersteig (I+) mit einem etwa 200 m langen Drahtseil und einem traumhaftem Haldensee-Tiefblick.

Auf und etwas neben dem anregend ausgesetzten Schrofengrat turnt man, stets auf brüchige Partien achtend, zu einer reizvollen Rinne empor, die allerdings auch schon wieder das Finale der ganzen Via Ferrata darstellt.

Vom **Schartschrofen** steigt man dann über die Rasenpolster des Nordwestrückens, später zwischen Latschen hinunter ins **Hallergernjoch**, wo man den bekannten Kurs nach **Haller** aufnimmt.

Hinter dem Hallergernjoch erhebt sich die Läuferspitze.

Litnisschrofen, 2069 m

Kalkburg zwischen Strindental und Birkental

Ausgangspunkt: Nesselwängle (Tirol), Bushaltestelle beim Liftparkplatz Krinnenalp (Parkplatz), am westlichen Ortsrand, 1130 m.
Gehzeit: Gräner Ödenalp 2½ Std., Litnisschrofen 1 Std., Abstieg 2¾ Std.; gesamt 6¼ Std.
Charakter: Für den gesicherten Gipfel mit kleiner Kletterei (I) in festem Fels ist Trittsicherheit und Übung erforderlich. Kurzer steiler Aufstieg. Gut bezeichnete Alpwege und Steige.

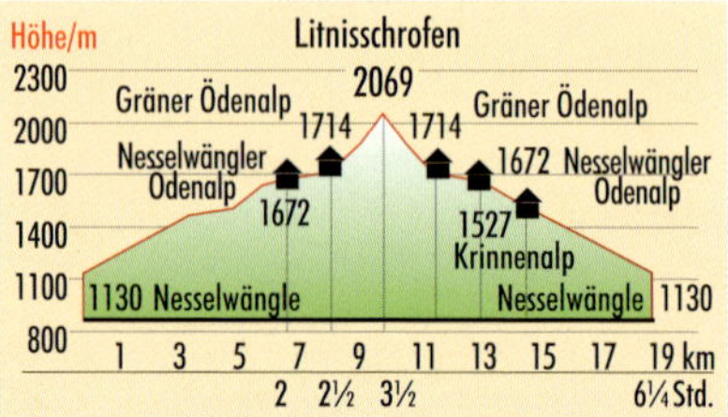

Einkehr: Nesselwängler Ödenalp, Gräner Ödenalp, Krinnenalp.
Karte: KOMPASS Nr. 4.

Am westlichen Ortsrand von **Nesselwängle** machen wir uns auf den überwiegend gemütlichen Weg zu diesem stillen Zweitausender. Die Tafel »Edenalpe« weist auf einen Alpweg, der sich durch einen mit Weidebetrieb belebten Wald emporschraubt. Auf der anderen Talseite imponiert die leuchtende Südwand der Roten Flüh. Unter der Doppelsesselbahn hindurch wandernd, rücken auch die anderen Tannheimer Zinnen mit ihren scharfen Graten ins Blickfeld. An der Wegteilung unter der Krinnenspitze richten wir uns beim Almbodenlift nach der Beschilderung »Ödenalpe über Forst-

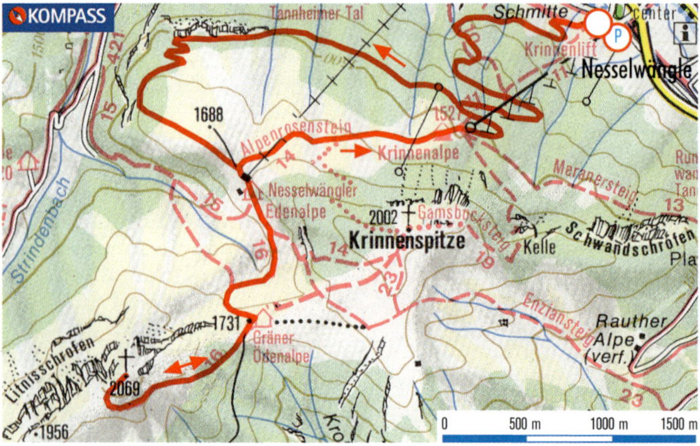

weg«. Nach kleinem Höhenverlust über dem Haldensee setzen noch ein paar erholsame Windungen an. Bald öffnet sich das Strindental mit dem Litnisschrofen-Ostgrat und der Sulzspitze. Wenig später trifft man bei der **Nesselwängler Ödenalp** (auch Edenalp) ein.
Nun geht's flach hinein in die Alpwanne unter den Ostabstürzen des gegliederten Litnischrofens. Eine letzte Kurve und man erreicht einen Sattel, von dem ein kaum nennenswerter Abstieg zur überraschend gut bewirtschafteten **Gräner Ödenalp** leitet. Nach behaglicher Hüttenbrotzeit gehen wir ein kleines Stück zurück und schwenken auf den Steig zum Litnisschrofen ab. Über lichte Latschenhänge bergan wandernd gewinnt man hoch über dem Birkental eine herrliche Schau in die Lechtaler Alpen. Über Grasgelände und schmale Schuttströme wird das Bergziel südseitig umgangen. Anschließend hat man die Wahl zwischen zwei jeweils mit Eisenketten gesicherten Gipfelrouten. Links eine unangenehm bröselige und abgeschabte Rinne mit schlechten Tritten, rechts wesentlich schöner: gut gestufter Fels, eine zuverlässige Angelegenheit. Beide Möglichkeiten fordern leichte Kletterei (I) und Trittsicherheit. Das letzte Stück auf den **Litnisschrofen** benützt man den obersten Westgrat.
Für den Rückweg von der **Nesselwängler Ödenalp** wählen wir den Alpenrosenweg zur **Krinnenalp**, einen alten Ziehweg über Weidehänge. Bald nach der Einkehr stoßen wir auf die Anfangsetappe von **Nesselwängle**.

Durch die Krummholzzone streben die Bergsteiger dem Litnisschrofen zu.

50

Schneetalalp, 1640 m

In der wilden Nordostecke der Allgäuer Alpen

Ausgangspunkt: Nesselwängle (Tirol), Bushaltestelle am Gasthof Köllenspitze, 1130 m; Liftparkplatz Krinnenalp.
Gehzeit: Schneetalalp 1¾ Std., Abstieg 1½ Std.; gesamt 3¼ Std.
Charakter: Längere steile Startetappe. Ausreichend bezeichnete Steige, am Anfang Zieh- und Wanderweg.

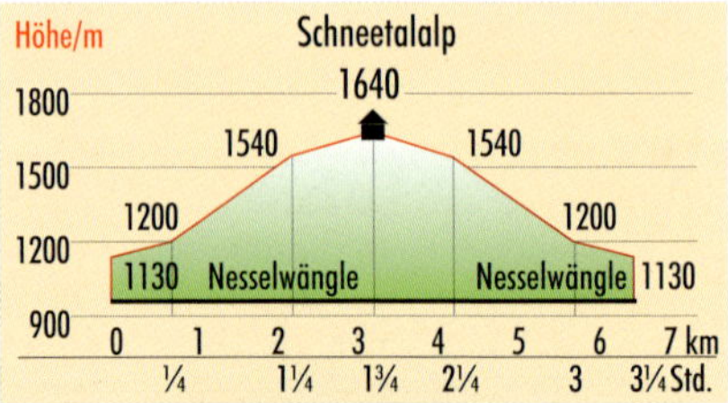

Einkehr: Schneetalalp.
Karte: KOMPASS Nr. 4.

Die Kellespitze, der Babylonische Turm und der Kelleschrofen wetteifern über dem östlichen Tannheimer Tal mit einem Formenreigen, der seinesgleichen sucht: bizarr, jäh abstürzend, kantig, unnahbar – einfach majestätisch. Eine der rühmenswertesten Betrachtungsbühnen für dieses einprägsame Kleeblatt ist die liebenswerte, nur auf einem einsamen Steig zugängliche Schneetalalp.

Vom Gasthof Köllenspitze in **Nesselwängle** führt ein Gehsteig an der Bank und der Bäckerei vorbei. Anschließend folgen wir dem Sträßchen links des Grobenbachs zum Haus Alpin mit Kapelle. Der Richtungszeiger »Schneetal Alm« weist auf einen Ziehweg, der in Kehren durch aufgelockerten Jungwald auf die Südwand der Kellespitze zuhält. Dieser wechselt später in einen breiten, einheizend steilen Wanderweg, der wiederum bald von einem Steig abgelöst wird.

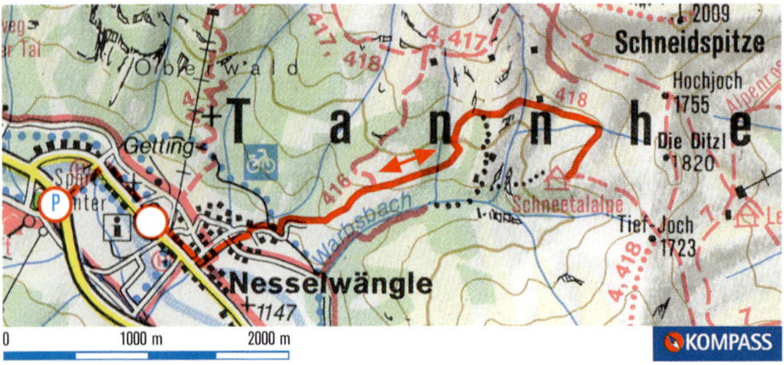

Wo der Aufstieg zur Tannheimer Hütte von unserem Kurs abzweigt, verdichtet sich der Wald. Die nun deutlich angenehmere Steigung lässt uns aufatmen. Plötzlich steht man gebannt vor dem schneidigen Felsobelisk mit sebachs. Nach einer kleinen Jagdhütte bummeln wir durch einen letzten Waldflecken und queren einen weiteren Graben. Jetzt ist es nur noch ein Katzensprung zur bereits sichtbaren **Schneetalalp**, die auf einem freien Gelän-

Teufelsgrat, Babylonischer Turm und Kelleschrofen vom Aufstieg zur Schneetalalp.

dem befremdenden Namen Babylonischer Turm. Östlich davon beeindruckt der Kelleschrofen, aus leuchtendem Wettersteinkalk gemauert, einem exzellenten Klettergestein. Zur Linken lässt der Teufelsgrat zur Kellespitze erfahrene Felsgeher mit Vorliebe für exponierte Gratschneiden ins Schwärmen geraten.

Beruhigt, dass uns solche Eskapaden erspart bleiben, überschreiten wir im Bereich von Lichtungen den Graben des Kresdeabsatz zwischen der Schneidspitze und dem Hahnenkamm mit seiner Antennenanlage zu einer einfachen Stärkung einlädt. In aller Seelenruhe lässt man das Auge über das Tannheimer Tal schweifen, das südlich von den Vilsalpseebergen und gegenüber von den einzigartigen Rang-und-Namen-Gestalten des Tannheimer Hauptkamms flankiert wird. Über dem Lechtal grüßen die verschwiegenen Gesellen der Hornbachkette.

Die angegebenen Ziffern sind Seitenzahlen: